Internetadressen für PGP-Anzeigen

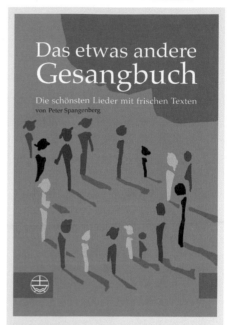

LUST AUF LEBEN

Liebe Leserinnen und Leser.

Matthias Spenn,
PGP-Schriftleiter

»… wie denn, machen die in der Gemeindepädagogik jetzt auch schon ganz auf Spaßkultur?« – »Lust auf Leben«, der Titel dieser Ausgabe, deutet darauf hin. Daher kommen doch besonders wir Evangelischen eher von einem ernsthaften, rational geprägten Verantwortungskonzept, in dem Lust und Spaß eher Plätze in der Schmuddelecke der Vorstellungen haben.

Ausgangspunkt für das Thema dieses Heftes ist aber natürlich – wie könnte es anders sein – ein ernster: Wir sind Teil einer Welt, die unüberschaubare Möglichkeiten im Blick auf Lebenswege, -konzepte und -entscheidungen bereitzuhalten scheint. Wie Vögel, denen auf einmal der Käfig geöffnet wird und die plötzlich ausprobieren müssen, was jetzt mit der Freiheit anzufangen ist. Jede und jeder hat sein oder ihr eigenes Leben zu entwerfen, ohne auf vorgeprägte Muster zurückgreifen zu können. Das stellt sich nach außen als Erlebnis mit Spaß und Lust dar, steht zugleich aber unter der Erwartung der Effizienz und Optimierung. Schwäche zeigen? Nicht gut aussehen? Die Lust verlieren? Fehlanzeige. Wer genauer hinschaut – in sich selbst hinein wie auch im Miteinander auf Partner, Freunde, Mitmenschen … sieht hinter der Fassade aber auch bei aller Freiheit und Kreativität mitunter Erschöpfung, Überlastung, Schatten und Grenzen als Kehrseiten der Lust auf Leben.

Gemeindepädagoginnen und andere kirchliche Mitarbeitende sind in allen Praxissituationen mit dieser Spannung zwischen Kreativität und Überforderung konfrontiert – bei Kindern, Jugendlichen, Müttern und Vätern, bei ehrenamtlichen Mitarbeitenden, Kollegen wie sich selbst. Wohin führt mich mein Weg? Was gibt mir Orientierung? Wo finde ich selbst Labsal und Erfrischung?

Und nicht zuletzt: Welche Rolle spielt der christliche Glaube dabei? Ist Glaube eher Lust oder eher Last? Eher Freiraum oder Gefängnis? Wo ist sie zu spüren, Gottes schöne neue Welt?

Jesus ruft Menschen in der Freiheit und Zusage des Glaubens auf einen eigenen Lebensweg – in Verantwortung vor sich selbst, den Mitmenschen, der Welt und in allem vor Gott. Ist das mehr Last oder mehr Lust?

Diese Themen werden in unterschiedlichen Facetten in der aktuellen Ausgabe aufgegriffen. Die Beiträge zeigen: Es gibt kein entweder Last oder Lust, sondern immer ein sowohl als auch. Lust auf Leben im Lebensentwurf wach zu halten ist sicher eine wesentliche Dimension von Pädagogik und Glauben. Den Dialog zu fördern, nach immer wieder guten Ansätzen in der Praxis zu suchen, ist unser Anliegen. Möge die Kraft des in die Freiheit berufenden Geistes Gottes uns dabei anstacheln wie auch halten und orientieren.

Mit herzlichen Grüßen aus der Redaktion

Das Leben neu entwerfen?

Mediation zum Gemälde »Der Jungbrunnen« und 2Kor 5,17

Hildrun Keßler

»Der Jungbrunnen« von Lucas Cranach d. Ä., 1546, (Berliner Gemäldegalerie)

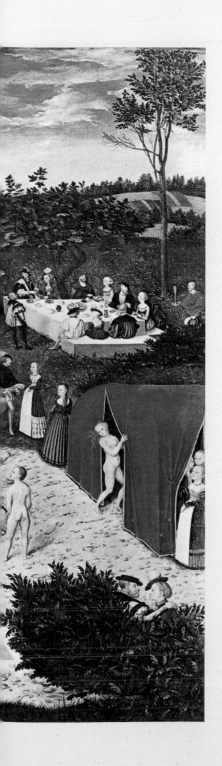

»*Der Jungbrunnen*« – so lautet der Titel eines Gemäldes von Lucas Cranach d. Ä. aus dem Jahr 1546. Auf der linken Seite nähern sich alte Frauen dem Becken. Sie werden Huckepack von ihren Männern oder auf Sänften herbeigetragen, sie kommen hoch zu Ross und in Wagen gefahren. Ein Arzt in roter Robe in der Mitte des Bildes untersucht neugierig den alternden weiblichen Körper. Von überall her strömt es hin zum Jungbrunnen. Eine zugegebenermaßen eher ungewöhnliche Szenerie, die der 74-jährige Lucas Cranach hier festhält. Es gibt andere Bilder in Italien beispielsweise, auf denen lustig und deftig beide Geschlechter ein Bad im verjüngenden Wasser nehmen. Was da nun wirklich geschieht und wie die Wandlung vom Alter in die Jugend geschieht, das lässt auch Lucas Cranach in den Tiefen des Brunnens im Ungewissen.

Ich habe einen Jungen gefragt, der vor dem Gemälde in der Berliner Gemäldegalerie stand. Der Kleine meint, dass sicherlich deren Lebensuhr zurückgedreht werde. »Sieht du«, so sagt er, »die Landschaft rings herum verändert sich nicht, nur die Frauen werden jünger.« – Die jungen Damen, deren Lebenszeit also zurückgedreht wird, werden am anderen Ufer von jugendlichen Galanen zum Ankleiden in ein Zelt geführt, gleich ins nächste Gebüsch gezogen oder zu Tanz, Fest und Gastmahl im hinteren Teil des Bildes eingeladen. Die Liebesgötter Venus und Amor auf der Stehle in der Mitte des Beckens beobachten dieses Treiben amüsiert. Der Jungbrunnen ist ein ungewöhnliches Gemälde von Lucas Cranach, dem malenden Prediger und »Konzeptkünstler der Reformation«, wie ihn Gunter Wenz bezeichnet, der wie kein anderer die reformatorische Lehre Martin Luthers ins Bild gesetzt und für deren Verbreitung gesorgt hat.

Durch einen Hinweis von Susanne Heine im Bildungsbericht der Evangelischen Kirchen in Österreich bin ich darauf aufmerksam geworden. Im Abschnitt »Visionen zur Erwachsenenbildung« fragt Heine, ob nicht auch die Evangelische Erwachsenenbildung, bereits in die Jahre gekommen, gewisse Abnutzungserscheinungen aufweise und kurz vor einem Bildungs- oder besser: Schulungsburnout stünde? Braucht die Erwachsenenbildung und damit die Gemeindepädagogik nicht auch eine solche Verjüngungskur? Oder könnte man sie selbst als einen Jungbrunnen für viele Menschen bezeichnen? Bräuchte die Arbeit in Gemeinden und Bildungseinrichtungen, in der Aus- und Fortbildung oder in der Begleitung der Berufsgruppe solch ein verjüngendes Bad? Wenn ein Pfarrer sich wundert, dass auch Gemeindediakone bestens für die Arbeit im Gemeinwesen ausgebildet sind, dann ist diese Einsicht ein wünschenswerter Jungbrunnen. Wenn ein Superintendent alle Aufgaben in multiprofessionellen Teams aus Haupt- und Ehrenamtlichen angeht, dann sitzt die Gemeindepädagogik bereits jugendlich an der Festtafel. Wenn jedoch Studierende enttäuscht berichten, wie wenig sie in der Konfirmandenarbeit ernst genommen werden, dann sieht man schnell wieder alt aus. Dieses Hin und Her zwischen Alterungserscheinungen einerseits und jugendlich lustvoller Kraft andererseits ließe sich gemeindepädagogisch unbegrenzt fortsetzen. Wenn gemeindepädagogische Ausbildung und Praxis wie ein kräftigendes und verjüngendes Elixier auf die aktuellen Fragen und Herausforderungen in Kirche und Gesellschaft wirken, dann lassen Sie uns baden gehen oder an Worten des 2. Korintherbriefes festhalten: »Ist jemand in Christus, so ist er eine neue Kreatur, das Alte ist vergangen, siehe, Neues ist geworden.« (2Kor 5,17)

Dr. Hildrun Keßler ist Professorin im Studiengang Evangelische Religionspädagogik an der Evangelischen Hochschule Berlin (EHB).

Lust auf Leben

Modellfiguren im vierten Evangelium

Thomas Popp

›Leben‹ ist ein biblischer Leitbegriff. Von der ersten bis zur letzten Seite ist die Bibel ein Buch voller Leben. Das belegt beispielhaft das Johannesevangelium. Dessen erklärtes Ziel ist es, dass die Leserinnen und Leser durch die Lektüre das Leben haben –so der ursprüngliche Schluss (20,31). Entsprechend entfaltet das vierte Evangelium eine einzigartige Theologie des Lebens.

Exemplarische Einblicke

Wer sich in seine Textwelt begibt, beginnt eine Reise zum (ewigen) Leben. In ihrem Verlauf begegnet eine faszinierende Fülle an Personengruppen und Einzelpersonen. In der aktuellen Johannesforschung bietet das Buch »Character Studies in the Fourth Gospel« sage und schreibe Beiträge zu 70 Figuren. Diese Figurenwelt ist planvoll miteinander verwoben. Das Johannesevangelium entwirft durch gezielte Personenkonstellationen ein Geflecht von spannenden Geschlechterbeziehungen, zum Beispiel Nikodemus und die Samariterin, Maria Magdalena und Thomas. Ebenso werden Männer und Frauen geschlechtshomogen aufeinander bezogen, beispielsweise Johannes der Täufer und der ›Lieblingsjünger‹, die Samariterin und Maria Magdalena.

Johannes der Täufer – Modell des Freundes

In den ersten drei Evangelien steht uns Johannes der Täufer als wilder Mann vor Augen: ein asketisch lebender Gerichtsprediger, ein unbequemer Mahner mit Tiefgang. Im vierten Evangelium treten diese Züge augenscheinlich zurück. Dafür akzentuiert es andere Aspekte dieser Modellfigur: Er ist der ers-

te Christuszeuge (1,6–8.15.19–28). Nach dem Prolog (1,1–18) beginnt die Jesuserzählung mit der an Johannes – und damit auch an uns – gerichteten Frage nach seiner Identität (1,19): »Wer bist du?« Zunächst stellt er klar, dass er nicht der Christus ist (1,20), auch nicht Elia oder der Prophet (1,21), die erwarteten Heilsgestalten der Endzeit. Ist es bei den Synoptikern Jesus, der in der Wüste versucht wird und dreimal ›Nein‹ sagt, schlüpft im Johannesevangelium der Täufer in die Rolle des dreifachen Neinsagers. Noch einmal wird er gefragt (1,22): »Wer bist du dann? Was sagst du von dir selbst?« Seine selbstbewusste Antwort: Er ist der Wegbereiter des noch unbekannten Herrn (1,23–28).

Als er Jesus erstmals persönlich begegnet, bekennt er sich zu ihm (1,29–34). Daraufhin werden zwei Täuferschüler zu den ersten Jesusjüngern (1,35–40). Einer von ihnen wird sogar zu dem »Jünger, den Jesus liebte«, bzw. dem »Jünger, dem Jesus Freund war« – sehr wahrscheinlich eine Anspielung auf den Jünger Johannes, der wiederum Modell steht für die Gründungsfigur der johanneischen Gemeinde (vgl. Joh 21).

Zuvor wird der Täufer prototypisch als Freund Jesu modelliert: Er freut sich, wenn auch seine Schüler auf dessen Stimme hören und ihm folgen (3,22–30). Allerdings findet Johannes – wie Jesus selbst – nicht bei allen Gehör (5,31–36). Zu guter Letzt sind es doch viele, die durch dessen Wirken an Jesus glauben (10,40–42). Der Täufer stellt sich freundschaftlich in dessen Dienst.

Johannes der Jünger – Modell des Geliebten

Auch die Geschichte dieses Mannes ist eine Modellgeschichte. Nach der Anspielung am Anfang (1,40) rückt der »Jünger, den Jesus liebte«, zu Beginn des zweiten Teils des Evangeliums programmatisch ins Rampenlicht. Im Anschluss an die Fußwaschung

fungiert diese ideale Figur als Vertrauter Jesu im Kontrast zu dem Verräter Judas und dem Verleugner Petrus. Der geliebte Jünger liegt seinem göttlichen Freund im wahrsten Sinn des Wortes am Herzen (13,23.25). Aufgrund dieser offenherzigen Freundschaft kann der Modelljünger die Geschichte Jesu wie kein anderer deuten.

Während Petrus Jesus verleugnet, fungiert der geliebte Jünger auch in der Passionsgeschichte als zuverlässiger Prozesszeuge. Immer, wenn es darauf ankommt, ist er zur Stelle (18,15–16). Auch auf dem Kreuzweg bleibt er seinem Meister treu. Während in der synoptischen Tradition drei namentlich genannte Frauen unter dem Kreuz stehen, ist die johanneische Kreuzigungsszene nicht unbemannt. Der vierte Evangelist erweitert die Gruppe um die Mutter Jesu und den geliebten Jünger (19,25–27). Unter dem Kreuz wird Kirche als fürsorgliches Freundschaftsnetzwerk aus Frauen und Männern konstituiert. Wie der Täufer als erster Freund Jesu am Anfang zum Zeugen der Wahrheit wird, so steht mit dem ›Lieblingsjünger‹ sein ehemaliger Schüler als Zeuge unter dem Kreuz und animiert zum Glauben (19,35).

Außerdem ist er ein Athlet des Evangeliums. Er ›konkurriert‹ im Wortsinn mit Petrus: Beide laufen miteinander – nicht ohne Rivalität, aber mit Fairness – zum leeren Grab (20,3–10). Der ›Lieblingsjünger‹ gewinnt den österlichen Wettlauf und hat auch in der Glaubenseinsicht die Nase vorn (20,4.8). Die erste Begegnung mit dem Auferstandenen ist allerdings einer idealen Frauenfigur vorbehalten.

zur Quelle des Lebens (4,1–42). In der berühmten Begegnung am Brunnen bittet der müde Reisende überraschend ausgerechnet eine Frau aus Samarien, ihm zu trinken zu geben (4,7–9). Dann verweist er bildsprachlich verhüllt auf seine göttliche Kompetenz, ihren Lebensdurst zu stillen. Aus ihm als lebendiger Quelle fließt ihr wirkliches Leben zu (4,10–15). Dabei weiß er um ihre Lebensgeschichte. Ihre bisherigen Männergeschichten konnten ihren Durst nach Leben nicht stillen (4,16–18). Er stellt sie nicht bloß, sondern deckt ihre wahre Sehnsucht auf: fünf Männer und doch kein Mann. Es kommt zur Gottes- und Selbstbegegnung am wunden Punkt. Jesus bringt ihr Lebensproblem auf den Punkt. Auf der Suche, ihren Lebensdurst zu stillen, ist sie nicht fündig geworden, in mehreren ehelichen Beziehungen und auch in der jetzigen nicht legitimen Ehe nicht. Jesus spielt das so in das Gespräch ein, dass die Samaritanerin zu ihrer Lebensgeschichte stehen und einen Neuanfang wagen kann. Sie erkennt schrittweise, mit wem sie es in dieser Begegnung in der Mittagshitze zu tun hat: mit dem Messias, der Mitte des Lebens (4,19–26). Durch den Geist Gottes wird Jesus in ihr zu einer Quelle lebendigen Wassers. Es sprudelt aus ihrem Herzen heraus. Die Frau mit der fragwürdigen Vergangenheit erzählt ihrer Dorfgemeinschaft, was sie in der Begegnung mit dem Fremden am Brunnen erfahren hat: gegenwärtiges göttliches Leben (4,28–30). Das motiviert ihre Mitbewohner, selbst dem Lebensmeister zu begegnen (4,39–42).

Die Samaritanerin – Modell der Lebensbotin

Zwei weibliche Personen bilden einen großartigen Spannungsbogen, der die Anfangspassage mit dem Finale des Evangeliums kunstvoll verknüpft. Im längsten Dialog, der von Jesus im Neuen Testament überliefert ist, führt er eine Frau Schritt für Schritt

Die Magdalenerin – Modell der Freundin

Im Unterschied zur Frau aus Samarien ist Maria Magdalenas Biografie nicht durch Männergeschichten charakterisiert. Diese Single-Frau ist beruflich so erfolgreich, dass sie Jesus und seine Männergemeinschaft finanziell zu unterstützen vermag. →

Dieses Wissen verdanken wir dem dritten Evangelium (Lk 8,1–3). Der vierte Evangelist setzt dieses Vorwissen voraus und platziert Maria aus Magdala erst in der Szene unter dem Kreuz (Joh 19,25). Wie die Samaritanerin bringt auch sie andere in Bewegung. Der von ihr erzählte Einblick in das leere Grab macht Petrus und dem ›Lieblingsjünger‹ Beine (20,1–10). Wie schon erwähnt, wird nicht diesen Männern, sondern ihr die Erstbegegnung mit dem Auferstandenen zuteil (20,11–18). In Anspielung auf die Anfangsszene mit dem Täufer, wonach Jesus als noch Unbekannter in der Mitte steht, erkennt sie – wie auch die Frau am Brunnen – zunächst nicht, mit wem sie es zu tun hat. In einer wunderschönen Wiedererkennungsgeschichte wird ihr schrittweise entschleiert, wer vor ihr steht und mit ihr redet. Als der Auferstandene sie mit ihrem Namen anspricht, gehen ihr die tränenreichen Augen auf. Sie weiß sich in ihrer tiefsten Personmitte angesehen. Ihre Trauer und ihre Ratlosigkeit werden in überfließende Freude gewendet. Ihr göttlicher Freund lebt und gibt ihrem leergewordenen Leben neuen Sinn. Dazu muss sie sich zunächst in der Kunst des Loslassens üben. Ihre Beziehung zu Jesus wird nicht mehr die gleiche Form haben wie früher. An die Stelle der unmittelbaren menschlichen Nähe vor Ostern wird nachösterlich die Geistgemeinschaft rücken. Sie darf den Geliebten nicht länger festhalten und so von seiner Rückreise in den Himmel abhalten. Jetzt ist es aber an der Zeit, die körperliche Umarmung zu lösen und sich auf eine neue Beziehung zu dem Auferstandenen einzustellen. Durch die Kraft des Geistes wird sie frei, Jesus, wie sie ihn bisher kannte, loszulassen und ihn lieben zu lernen, ohne ihn körperlich sehen zu können. Darin wird sie zum Modell für alle Leserinnen und Leser des Johannesevangeliums (20,29). Wie bei der Frau am Brunnen bleibt auch ihre Begegnung mit Jesus nicht ohne Folgen. Wurde die Samaritanerin zur ersten Apostolin der Heiden, so wird die Magdalenerin zur Apostolin der Apostel berufen. Als geschickte Führungsspielerin ist sie sich selbstbewusst darüber im Klaren, was sie der Mannschaft mitzuteilen hat (20,18).

»Leben in Fülle«

Die Lesereise verändert die Lebensreise. Wer in der johanneischen Textwelt wandert, begibt sich in das Kraftfeld des Geistes. Er transformiert das Welt-, Selbst- und Gottesbild, indem er alles mit Christus als zentrierender Mitte korreliert und so »Leben in Fülle« generiert (10,10): »Ich bin gekommen, damit sie das Leben haben und volle Genüge.«

Entsprechend geht es bei den vielfältigen modellhaften Männer- und Frauenfiguren nicht in erster Linie um das Mann- und Frausein an sich, sondern um das Christ-Sein als Mann und Frau, um das Bewandert-Sein in der Jesus-Christus-Geschichte, um die Entdeckung der eigenen Berufung, um Lust auf göttliches Leben, das nicht zuletzt im Miteinander der Verschiedenen Gestalt gewinnt.

Literatur:

Margaret M. Beirne, Women and Men in the Fourth Gospel. A Genuine Discipleship of Equals, London 2003.

Peter Dschulnigg, Jesus begegnen. Personen und ihre Bedeutung im Johannesevangelium, Münster 2000.

Steven A. Hunt/D. Francois Tolmie/Ruben Zimmermann (Hg.), Character Studies in the Fourth Gospel. Narrative Approaches to Seventy Figures in John, Tübingen 2013/Grand Rapids 2016.

Thomas Popp, Hier finde ich Freunde. Ein Gemeinde-Modell nach dem Johannes-Evangelium, Neukirchen-Vluyn 2004.

Thomas Popp, Männer im Johannesevangelium, in: Reiner Knieling/Andreas Ruffing (Hg.), Männerspezifische Bibelauslegung. Impulse für Forschung und Praxis, Göttingen 2012, S.174-195.

Christoph Schroeder, Leben in Fülle. Eine Theologie des Johannesevangeliums, Stuttgart 2016.

Prof. Dr. Thomas Popp hat die Studiengangsleitung Diakonik an der Evangelischen Hochschule Nürnberg und die Ausbildungsleitung der Rummelsberger Diakone und Diakoninnen inne.

Hineinwachsen in die eigene Berufung

Plädoyer für eine gottesdienstliche Lebensführung

Peter Zimmerling

Vision und Lebensberufung

Es gehört zur Aufgabe jedes Menschen, seinen persönlichen Lebensentwurf zu finden und ihn zu verwirklichen. Viele haben eine Vision, durch die sie glauben, allein glücklich werden zu können. Zum Erwachsensein gehört, dass man realisiert: Es sind viele kleine Schritte, die auf dem Weg zur Verwirklichung des eigenen Lebensentwurfs zu gehen sind. Man braucht einen langen Atem, um die Vision im Alltag umzusetzen. Und vor allem: Der eigene Lebenstraum muss immer wieder aufs Neue anhand der äußeren Gegebenheiten und der eigenen Möglichkeiten korrigiert werden. Gerade die Spannung zwischen Vision und Alltag lässt das Leben erst lebendig werden. Zum Wahrnehmen der Gegebenheiten und Möglichkeiten muss die Bereitschaft treten, das Wahrgenommene in die Praxis umzusetzen. Nur wer bereit ist, Geld, Zeit, Kraft und Phantasie zu investieren, wird seine Vision verwirklichen und im Leben Spaß haben. Allerdings kenne ich auch eine Reihe junger Menschen, denen die gespannte Freude darauf fehlt, was ihnen das Leben bringen wird. Sie sollten sich helfen lassen, um ihre Begabungen zu entdecken, und die Chancen, die in ihrem Leben angelegt sind.

→

Was Christen leitet

Für Christen geht es darüber hinaus darum, dass sie in und mit ihrer Vision vom Leben die Berufung Gottes entdecken und zu verwirklichen versuchen. Matthias Claudius hat das in seinem bekannten Erntedanklied einfach, aber tiefsinnig zum Ausdruck gebracht: »Wir pflügen und wir streuen den Samen auf das Land, doch Wachstum und Gedeihen steht in des Himmels Hand: Der tut mit leisem Wehen sich mild und heimlich auf und träuft, wenn heim wir gehen, Wuchs und Gedeihen drauf.« (EG 508, 1). Ein Tor, wer morgens im Bett liegen bliebe und Gott um eine gute Ernte bäte, ohne selber einen Finger zu rühren. Aber genauso ein Tor, wer vergäße, dass Wachstum und Gedeihen letztlich nicht in der eigenen Hand, sondern in der Hand Gottes liegen. Es geht darum, verantwortlich zu handeln zu lernen.[1] Jesus Christus möchte keine unmündigen Kinder, auch keine Duckmäuser und Skrupelanten als Nachfolger haben. Er will, dass wir zu seinen Söhnen und Töchtern heranreifen, zu verantwortlichen und Partnern werden. Das Gleichnis vom Verlorenen Sohn aus Lk 15 ist dafür ein hervorragendes Beispiel: Der jüngere Sohn wird vom Vater unmittelbar nach seiner Heimkehr ohne alle Vorleistungen in alle Sohnesrechte wieder eingesetzt, erhält die Prokura.[2]

Was Christen hemmt
und wie es überwunden wird

Im Wesentlichen sind es zwei Dinge, die Christen hindern, ihre Berufung zu leben: krankmachende Leitbilder und die fehlende Bereitschaft, den eigenen Lebensentwurf für Gott aufzugeben. Wir sollten uns klarmachen: Bilder sind immer stärker als Bewusstseinsentschlüsse und gute Vorsätze.[3] Leitbilder – die Visionen vom Leben – entfalten eine enorme Kraft. Unser Geist und unsere Phantasie werden davon beflügelt und befeuert – im positiven wie im negativen Sinne. Dem Leitbild und seiner Erfüllung zuliebe sind Menschen bereit und fähig, die größten Opfer zu bringen. Diese Bilder werden maßgeblich in Kindheit und Jugend geprägt. Je nachdem, welche Leitbilder jemand in seiner Kindheit und Jugend empfangen hat, können sie zerstörerische oder inspirierende Kraft entfalten. Gerade negative Einreden der Eltern prägen unwillkürlich die Identität von Heranwachsenden. Manche Mütter signalisieren ihren Söhnen von früher Kindheit an: »Du bist ein Versager.« – »Du kannst sowieso nichts.« Entsprechend schwach ausgeprägt ist dann deren Selbstwertgefühl. Nach meiner Beobachtung ist bis in die jüngste Vergangenheit auch in der Kirche einem großen Teil von Kindern und Jugendlichen der Zuspruch ihres Wertes und ihrer Würde vorenthalten worden.

Glücklicherweise besteht die Möglichkeit, krankmachende Leitbilder der Seele zu korrigieren. Oft geht das nur mithilfe eines erfahrenen Gesprächspartners, eines Seelsorgers oder eines Therapeuten.

Ein erster Schritt besteht darin, sich die negativen Leitbilder bewusst zu machen. In einem nächsten Schritt ist den mit den Leitbildern verbundenen Allmachtphantasien und Minderwertigkeitskomplexen eine realistischere Einschätzung der eigenen Fähigkeiten und Möglichkeiten entgegenzusetzen. Ein weiterer Schritt auf dem Weg, in die eigene Berufung hineinzuwachsen, besteht darin, zur Wirklichkeit, wie sie ist, ja sagen zu lernen. Dietrich Bonhoeffer meinte: »Mag in dem, was den Tatsachen vorausgeht, noch so viel menschliches Versagen, Sichverrechnen und Schuld liegen, in den Tatsachen selbst ist Gott.«[4]

Der zweite Hinderungsgrund, entsprechend der Berufung Gottes zu leben, besteht in der fehlenden Bereitschaft, auf die Verwirklichung des eigenen Lebensentwurfes zugunsten eines Rufes Gottes zu verzichten. Glücklicherweise gibt es viele Gegenbeispiele aus älterer und neuerer Zeit. Z.B. war Friedrich von Bodelschwingh, der Leiter der später nach ihm benannten Anstalten in Bethel bei Bielefeld, ursprünglich mit Leib und Seele Landwirt. Durch eine innere Berufung wurde ihm klar, dass er das Evangelium vollzeitlich verkündigen soll. Dazu musste er seinen bisherigen Beruf aufgeben und zunächst Theologie studieren.[5]

Wer sein Leben Gott anvertraut, wird nicht unglücklich werden, wenn er andere berufliche Wege geführt wird als die, die er als Leitbilder der Seele in sich trägt. Das eigene Leben dem Dienst für Gott zur Verfügung zu stellen, ist keine Lebensbeschränkung, sondern kann im Gegenteil zu größerer Lebensintensität führen. Größere Intensität bedeutet allerdings auch größeres Wagnis. Nicht alle Christen sind bereit, aus ihren mitgebrachten Vorstellungen vom Leben aufzubrechen. Sie ziehen ein bequemes Leben der Spannung eines Lebens im Hören auf Gott und im Dienst für ihn vor. Spannung aber ist die unerlässliche Voraussetzung für ein intensives Leben. No risk, no fun! Darum erleben sie nicht oder nur selten, dass Christsein Freude bedeutet.

Das folgende Gebet von Nikolaus von der Flüe (1417–1487) ist geprägt von der Bereitschaft zum Wagnis des Glaubens:

»Mein Herr und mein Gott,
nimm alles von mir, was mich hindert zu Dir.
Mein Herr und mein Gott,
gib alles mir, was mich fördert zu Dir.
Mein Herr und mein Gott,
nimm mich mir und gib mich ganz zu eigen Dir.«[6]

Auf dem Weg zu einer
gottesdienstlichen Lebensführung

Ziel des Christseins sollte eine gottesdienstliche Lebensführung sein.[7] Sie schwebt schon dem Apostel Paulus in Röm 12,1 f. vor: »Ich ermahne euch nun, Brüder und Schwestern, durch die Barmherzigkeit Gottes, dass ihr euren Leib hingebt als ein Opfer, das lebendig, heilig und Gott wohlgefällig sei. Das sei euer vernünftiger Gottesdienst.« Im Rahmen einer gottesdienstlichen Lebensführung wird der Beruf zur Berufung, wird die Arbeit zum Dienst zur Ehre Gottes und zum Wohl des Nächsten. Ein so verstandenes Leben lässt uns eins werden mit uns selbst.

Mindestens vier Grundentscheidungen kennzeichnen eine gottesdienstliche Lebensführung:

1. Grundentscheidung:
   Der Güte Gottes trauen;
2. Grundentscheidung:
   Gottes Wort ehren;
3. Grundentscheidung:
   Gottes Herrschaft bekennen;
4. Grundentscheidung:
   In Gemeinschaft mit anderen Christen leben.

Zu 1. Die Grundentscheidung, der Güte Gottes zu trauen, impliziert das Vertrauen, dass Gott mich nicht zu kurz kommen lässt, wenn ich mich auf das Hineinwachsen in meine Berufung einlasse. Jesus gibt Petrus und den übrigen Jüngern diesbezüglich ein handfestes Versprechen: »Da fing Petrus an und sagte zu ihm: Siehe, wir haben alles verlassen und sind dir nachgefolgt. Jesus sprach: Wahrlich, ich sage euch: Es ist niemand, der Haus oder Brüder oder Schwestern oder Mutter oder Vater oder Kinder oder Äcker verlässt um meinetwillen und um des Evangeliums willen, der nicht hundertfach empfange: jetzt in dieser Zeit Häuser und Brüder und Schwestern und Mütter und Kinder und Äcker mitten unter Verfolgungen – und in der kommenden Welt das ewige Leben.« (Mk 10,28–30)

Zu 2. Die Grundentscheidung, Gottes Wort zu ehren, impliziert, dass mir ein Leben entsprechend der Heiligen Schrift ganz neue Wirklichkeitsräume eröffnet, die mein Leben reich und tief machen, zu denen ich jedoch ohne die Kenntnis des Wortes Gottes keinen Zugang bekommen würde. Leider herrscht unbewusst bei vielen Menschen das nur schwer auszurottende Vorurteil: »Alles, was Spaß macht, verbietet Gott.«[8] Die Vorstellung, dass der Glaube zu einer Intensivierung, zu einer Vertiefung des Lebens führt, ist dagegen nicht sehr verbreitet. Durch die Bibel werde ich dafür sensibilisiert, dass hinter der sichtbaren Welt eine unsichtbare Welt Gottes existiert, die letztlich die sichtbare Welt trägt und ihr Sinn und Ziel gibt. Durch die Bibel bekomme ich ein Gespür für die geistigen Welten einer vom christlichen Glauben geprägten Kultur. Durch die Bibel fange ich an, die Gemeinde Jesu Christi wahrzunehmen, beginne ich, in die weltweite Bruder- und Schwesternschaft der Christen hineinzuwachsen. Petrus sagte zu Jesus: »Du hast Worte des ewigen Lebens; und wir haben geglaubt und erkannt: Du bist der Heilige Gottes.« (Joh 6,68 f.)

Zu 3. Die Grundentscheidung, Gottes Herrschaft in Jesus Christus zu bekennen, verwirklicht sich in doppelter Form, in Wort und Tat. Die Begründung dafür bilden der Missionsbefehl (Mt 28,18–20) und das Liebesgebot (Mt 22,34–40) Jesu Christi. Ohne die Liebe zum Mitmenschen entartet das christliche Zeugnis zur lieblosen Skalpjagd, während umgekehrt ohne das Zeugnis vom Glauben der christliche Einsatz für den Nächsten und die Gesellschaft leicht zu einem säkularen Weltverbesserungsprogramm wird.

Zu 4. Die vierte und letzte Grundentscheidung ist die Entscheidung, in Gemeinschaft mit anderen Christen zu leben. Eine gottesdienstliche Lebensführung lässt sich gewöhnlich nicht allein, sondern nur in Gemeinschaft verwirklichen. Dafür reicht heute die Erfahrung der sonntäglichen Gottesdienstgemeinschaft nicht mehr aus. Es scheint unerlässlich, darüber hinaus den Alltag ein Stückweit mit anderen Christen zu teilen. Das wird am leichtesten etwa mit den Mitgliedern einer Hauskreisgruppe möglich sein.[9] Ohne die Unterstützung durch eine Gruppe gleichgesinnter Christen wird es zunehmend schwieriger werden, eine gottesdienstliche Lebensführung auf Dauer durchzuhalten. Als Christen sollten wir uns darauf einstellen, dass die deutsche Gesellschaft in Zukunft noch säkularer wird. Der französische Philosoph Max Picard stellte schon vor Jahren nüchtern fest: »Das Christentum – der Mensch heute muß jeden Augenblick das Christentum neu erringen, jeden Augenblick muß er es für sich selbst neu erschaffen, als ob er es vorher nicht gehabt hätte, weil es ihm in jedem Augenblick von der Zeit, in der wir leben, weggesogen wird.«[10] Je weniger eine christliche Lebensführung von der Gesellschaft, in der wir leben, gestützt wird, desto nötiger werden wir den Beistand anderer Christen und die Gemeinschaft mit ihnen brauchen.

Dr. theol. Peter Zimmerling ist Universitätsprediger und Professor für Praktische Theologie an der Theologischen Fakultät der Universität Leipzig.

1 Dietrich Bonhoeffer, Ethik, hg. von Ilse Tödt u.a., Dietrich Bonhoeffer Werke (DBW), Bd. 6, Gütersloh ²1998, 256–289.

2 Heinrich Spaemann, Das Prinzip Liebe, Freiburg u.a. ²1989, 95–120.

3 Adolf Köberle,Die Stunde der Versuchung, Hamburg 1958, 32–46; vgl. auch Gerald Hütter, Die Macht der inneren Bilder. Wie Visionen das Gehirn, den Menschen und die Welt verändern, Göttingen ⁹2015.

4 Dietrich Bonhoeffer, Widerstand und Ergebung. Briefe und Aufzeichnungen aus der Haft, hg. von Christian Gremmels u.a., DBW, Bd. 8, Gütersloh 1998, 288.

5 Gustav von Bodelschwingh, Friedrich von Bodelschwingh. Ein Lebensbild, Bielefeld-Bethel ¹⁴1978, 34 f.

6 Zu den verschiedenen Fassungen des Bruder-Klaus-Gebets vgl. Bruder Klaus von Flüe. Rat aus der Tiefe, ausgewählt, übersetzt und kommentiert von Anselm Keel, Zürich/Düsseldorf 1999, 159–161.

7 Vgl. im Einzelnen Reinhard Frische, Grundentscheidungen für eine gottesdienstliche Lebensführung, in: Horst-Klaus und Irmela Hofmann (Hg.), Anstiftungen. Chronik aus 20 Jahren OJC, Moers 1988, 263–283.

8 John B. Phillips, Dein Gott ist zu klein, Moers 1991, bes. 13–17.

9 Johannes Blohm, »Die dritte Weise«. Zur Zellenbildung in der Gemeinde. Betrachtungen und Überlegungen zur Hauskreisarbeit unter Zugrundelegung einer empirischen Erhebung, Stuttgart 1992; Ortwin Schweitzer, Das Hauskreis-ABC, Aßlar 1994.

10 Zit. nach Paul Schütz, Das Wagnis des Menschen, 15.

»Beim Sinn geht es nicht um Glück, sondern um das Richtige und Wertvolle«

Im Gespräch mit Tatjana Schnell, Professorin für Persönlichkeits- und differentielle Psychologie und Empirische Sinnforschung

Die Persönlichkeitspsychologin Tatjana Schnell hat mit ihren Studien zur »Psychologie des Lebenssinns« Pionierarbeit geleistet: Was trägt uns heute? Aus welchen Quellen speist sich der Lebenssinn der Deutschen? Und welche Rolle spielen dabei Religion und Religiosität?

Wie würden Sie den Menschen charakterisieren, der wirklich sinnvoll und sinnerfüllt lebt?

Unsere Daten sind deutlich: Man wird sein Leben als umso sinnstiftender erfahren, je stärker man es in einen das Ich überschreitenden, übergeordneten Zusammenhang einbetten kann und Verantwortung übernimmt. Am sinnproduktivsten ist dabei die Generativität, die wichtigste Sinnquelle überhaupt: etwas von bleibendem Wert tun oder schaffen, seine Erfahrungen, sein Wissen und Können weitergeben, sich den kommenden Generationen und der Menschheit im Allgemeinen verpflichtet fühlen – und entsprechend handeln. Deshalb sind auch Ehrenämter so sinnstiftend.

Könnten Sie eine ganz konkrete Anleitung zum sinnvollen Leben formulieren?

Sicher keine »Checkliste«, aber man kann sich an den vier für die Psychologie des Lebenssinnes wesentlich sinngebenden Merkmalen orientieren: Bedeutsamkeit, Richtung und Orientierung, Zugehörigkeit sowie Stimmigkeit. So muss die Art und Weise, wie wir handeln, für uns – und vor allem auch für andere – bedeutungsvoll sein: »Was ich tue, ist mir wirklich wichtig.« Wir brauchen zudem eine klare Orientierung, einen Sinnkompass, der uns zeigt, wohin die Reise im Leben gehen soll – und wohin nicht. Wichtig ist auch die Zugehörigkeit zu

einem größeren Ganzen, das sinnstiftende Wir-Gefühl des Menschen als Sozialwesen: in Familie, im Freundeskreis, in der Gruppe mit Arbeitskollegen oder Gleichgesinnten. Deshalb tragen auch die Selbstverwirklichungswerte und das Streben nach ausgeprägter Individualität auffallend wenig zur Sinnerfüllung bei. Das vierte Sinnkriterium schließlich ist die Kohärenz unseres Handelns: Passt das, was ich tue, wirklich zusammen? Stimmt es in den unterschiedlichen Bereichen mit meinen fundamentalen Lebenszielen und -werten überein? Es geht darum, sich treu zu bleiben – was auch heißen kann, sich bestimmten Praktiken zu verweigern. Das bedeutet auch: Position zu beziehen, uns zu engagieren, leidenschaftlich für das einzutreten, was uns wichtig ist, oder für das offen einzutreten, was man für richtig hält. Bei alledem sind Ausgewogenheit und Vielfalt wichtig, das heißt: sich für verschiedene Dinge einzusetzen, nicht nur für sich selbst, aber auch nicht nur für andere.

Warum sind Glück und Sinnerfüllung psychologisch unterschiedliche Phänomene?

Der wichtigste Unterschied ist, dass bei der Sinnerfüllung das Wohlbefinden – also das Empfinden möglichst vieler positiver Gefühle – nicht die Hauptrolle spielt. Beim Sinn geht es darum, das persönlich Richtige und Wertvolle zu tun, das Sinnvolle hat Vorrang vor dem Angenehmen. Das bedeutet auch, nein sagen zu können oder wichtige Ziele engagiert zu verfolgen. Das ist oft anstrengend und fühlt sich nicht immer nur gut an. Aber mittel- und langfristig ist Sinn auch emotional die bessere Strategie. Sinnsucher erleben sich im Vergleich zu den Glückssuchern als lebendiger, beteiligter und involvierter. Denn in einem sinnorientierten Leben findet man vergleichsweise nachhaltigere Ressourcen, und man entwickelt eher persönliche Stärken oder tragende Beziehungen. So kann beispielsweise Fernsehen kurzfristig sicher entspannen, unsere Befragungen haben aber gezeigt, dass es die meisten im Nachhinein als überwiegend sinnfrei erleben – und sich im Grunde auch nicht so glücklich dabei fühlen.

Tatjana Schnell studierte in Göttingen, London, Heidelberg und Cambridge (UK), promovierte zum Thema »Implizite Religiosität – Zur Psychologie des Lebenssinns« in Trier und leitet das Fach Persönlichkeits- und Differentielle Psychologie am Institut für Psychologie der Universität Innsbruck mit dem Schwerpunkt psychologische Sinnforschung.

Im Netz informiert Ihre Homepage **www.sinnforschung.org** sehr umfassend und leserfreundlich über den Stand der Sinnforschung – mit persönlich nutzbaren Leitfäden, Artikeln, Materialien und Downloads. Sinn entsteht durch 26 Lebensbedeutungen

Könnte die Sinnforschung dem Glückskonzept des eudämonischen, des »guten Lebens« gegenüber dem genussorientierten Hedonismus endgültig zum Durchbruch verhelfen?

Der Eudämonismus spielt in der Sinnforschung heute schon eine wichtige Rolle, und man muss beide Konzepte voneinander trennen. Es gibt unterschiedliche Lebensqualitäten, und gerade die Sinnerfüllung ist nicht zwangsläufig frei von negativen Gefühlen und Erfahrungen. Man hat die aristotelische Eudämonie etwas missverständlich als Glückseligkeit übersetzt, es geht im Wesentlichen aber um das richtige Leben und das gute Handeln. Man soll seine Potenziale, Talente und Stärken entwickeln und fruchtbar nutzen. Das geht selbstverständlich auch mit Sich-gut-Fühlen einher. Entscheidend ist aber gerade bei Aristoteles, dass das gute eigene Leben und Handeln gleichzeitig auch für die Polis, für die Gemeinschaft gut und vorteilhaft ist.

Wertewandel meint fast immer »Werteverfall«, so wie (post-)moderne Pluralität in aller Regel »Orientierungslosigkeit« bedeutet. Der Tenor in den meisten Zeitdiagnosen ist der Niedergang der wert- und sinnstiftenden Institutionen wie Familie, Gewerkschaften oder Kirchen. Leiden wir deshalb unter einer Sinnkrise – oder erleben und schaffen wir trotzdem Sinn?

Ich teile die Ansicht nicht, dass der moderne Mensch aus den »sinntragenden Bezügen herausgefallen und einsam und heimatlos« geworden sei, er sich in der »Komplexität des Daseins verirrt« habe, wie das beispielsweise die Psychotherapeuten Ursula Wirtz und Jörg Zöbeli formuliert haben. Einfach deswegen nicht, weil diese Analysen kaum mit dem durchschnittlichen subjektiven Erleben übereinstimmen. So zeigen unsere Sinnstudien eben keinen auffallenden Mangel an persönlicher Sinnerfüllung – im Gegenteil kann man nur bei etwa jedem zwanzigsten Bundesbürger von einer belastenden Sinnkrise sprechen.

Der von Ihnen entdeckten Gruppe der sogenannten »existenziell Indifferenten« kommt eine besondere Stellung zu, schon deshalb, weil es sie nach den Kriterien der bisherigen Sinnforschung gar nicht geben dürfte.

Ja, existenziell Indifferente zeigen gleichzeitig niedrige Sinnerfüllung und keine Sinnkrisen. Sie repräsentieren etwa ein Drittel der Bevölkerung: Jeder Dritte erfährt sein Leben demnach nicht als sinnerfüllt, leidet aber auch nicht darunter. Dieses Phänomen ist in der Tat in der weitgehend auf Viktor Frankl beruhenden traditionellen Sinnforschung nicht vorgesehen. Frankl postulierte einen allgemein gültigen Antrieb des Menschen, Sinn zu erleben, und begründete damit eine eindimensionale Betrachtung: Entweder es geht mir qua Sinnerfüllung gut – oder ich leide psychisch an einer Sinnkrise und existenziellem Vakuum. Durch die getrennte Erfassung der beiden Konzepte haben wir aber ein anderes Bild gewonnen. Charakteristisch für die Indifferenten ist dabei vor allem, dass sie eher jünger und Singles sind, sehr wissenschafts- und technikorientiert, nicht religiös oder spirituell eingestellt, ohne Generativität oder Verbundenheit. Bei ihnen sind alle Lebensbedeutungen ähnlich niedrig oder geringer ausgeprägt als bei Menschen in einer Sinnkrise. Sie zeigen insgesamt wenig Leidenschaft und Engagement, ob für sich selbst oder für andere, ihr Leben bleibt mehr auf der Oberfläche – wobei das Bedürfnis nach Selbsterkenntnis besonders schwach entwickelt ist. All dies wirkt sich aber nicht sichtbar auf die seelische Gesundheit der existenziell Indifferenten aus: Depressivität und Ängstlichkeit etwa sind ähnlich gering ausgeprägt wie bei Menschen, die ihr Leben als sinnvoll erfahren – subjektives Wohlbefinden, positive Stimmung oder Lebenszufriedenheit dagegen deutlich geringer.

Würden Sie dabei von »Entfremdung« sprechen?

Wir stehen bei der Erforschung der bisher unbeachteten Gruppe der existenziell Indifferenten noch am Anfang. Man kann aber sicherlich von Entfremdung sprechen, wenn   →

> *So wird es in Zukunft in der Arbeits- und Berufswelt*
> *nicht mehr allein um Entlohnung gehen,*
> *sondern um den größeren Zusammenhang der Partizipation,*
> *gesellschaftlicher Verantwortung*
> *von Sinnhaftigkeit des beruflichen Tuns.*

Menschen indifferent, also gleichgültig, oberflächlich, ohne vertiefendes Engagement, Wert- oder gar Sinnorientierung leben – und das noch nicht einmal bemerken oder gar als Problem wahrnehmen und hinterfragen. Manche wissen gar nicht mehr, was »Sinn« überhaupt ist. Bewusstes Erleben oder gar Selbsterkenntnis sind als Sinnquellen ja bei den Indifferenten auch entsprechend schwach oder gar nicht vorhanden. Vielleicht kann man es so ausdrücken, dass gerade die existenziell Indifferenten zwar ein gesellschaftlich funktionsfähiges Real-Ich entwickelt, aber noch keinen Zugang zum »wahren Selbst« gefunden haben – wer bin ich wirklich, auch wenn ich es nicht ausleben, zeigen kann?

Wie Studien der Psychologin Rebecca Schlegel dokumentieren, kommt es zu erhöhter Sinnerfüllung, wenn man Zugang zum wahren Selbst hat. Ich vermute, dass die Sinnfrage heute bei vielen Menschen außen vor bleibt, weil Faktoren wie der alltägliche Leistungs- und Konkurrenzdruck, der Kampf um Job und Karriere, die zunehmende Ökonomisierung auch der Ausbildung oder verkürzte Schul- und Studienzeiten dem Einzelnen immer weniger Möglichkeiten öffnen, sich selbst auszuprobieren oder zu hinterfragen, ob dieses Funktionieren auch tatsächlich das ist, was man selbst als persönlich authentisch oder sinnvoll erlebt. Von dieser »sinnblinden«, reflexionsverhindernden Tretmühle sind sicher nicht nur die existenziell Indifferenten betroffen, aber wegen ihres vergleichsweise jüngeren Durchschnittsalters möglicherweise stärker und nachhaltiger als die Älteren.

Sie unterscheiden Sinn auch von Werten.

Werte sind Überzeugungen, die über spezifische Situationen hinaus wünschenswerte Zustände oder Verhaltensweisen repräsentieren. Durch diese abstrakte und kognitive Natur unterscheiden sich Werte grundlegend von Lebensbedeutungen: Werte sind von persönlichen Bezügen abgehoben, Lebensbedeutungen aber eng mit dem persönlichen Leben verwoben, sie entstehen aus der Einbindung in ein größeres Ganzes. Während Werte normativ Sollzustände festschreiben, ist Sinn in Form von Lebensbedeutungen die konkrete individuelle Vermittlung dessen, was ist, mit dem, was sein soll: Sie beziehen Werte mit ein, sind aber nicht mit diesen gleichzusetzen. So zeigen unsere Forschungen, dass selbst ähnlich oder gleich bezeichnete Werte und Lebensbedeutungen nur relativ gering korrelieren: Ein deutlicher Hinweis, dass gleiche Inhalte anders bewertet werden, wenn sie als Einstellungs- oder wirkliche Sinnorientierung eingeordnet werden. Ich habe Lebensbedeutungen deshalb auch als »Sinn-im-Vollzug« und »gelebte Werte« bezeichnet. Es sind eben unterschiedliche Dinge, wenn man nur danach fragt, was man richtig und wichtig findet, oder danach, was man tatsächlich tut.

Sie erweitern die Psychologie als Wissenschaft vom menschlichen Denken, Verhalten und Erleben und definieren sie als die Wissenschaft vom menschlichen Denken, Verhalten und Erleben in größeren Zusammenhängen.

Ich verstehe die Lebensbedeutungen und den Lebenssinn ganz allgemein als Kategorien, ohne die ein psychologisches Menschenbild reduziert und unvollständig bleiben müsste. Natürlich ist es in der Persönlichkeitspsychologie nichts Neues, dass Verhalten wesentlich aus der Interaktion, dem Zusammenspiel von Person und Umwelt resultiert. Elementar dabei ist für mich aber die subjektive Bedeutung, die eine Person der jeweiligen Umwelt zuweist, also die Interpretation der Situation, die von der bisherigen psychologischen Forschung allerdings nur selten beachtet wird. Da diese Bedeutungen – und damit der einer Sache oder einem Inhalt zugewiesene Sinn – aus den Situationen aber nicht abgeleitet werden können, wäre die empirische Erfassung und Integration der interpretierenden Innenperspektive ein wichtiger Schritt. So wird es in Zukunft beispielsweise in der Arbeits- und Berufswelt nicht mehr allein oder primär um monetäre Entlohnung gehen, sondern um den größeren Zusammenhang der Partizipation, gesellschaftlicher Verantwortung von Sinnhaftigkeit des beruflichen Tuns.

Auch in Schule und Ausbildung steht nicht allein mehr die Wissensvermittlung im Vordergrund, sondern gleichberechtigt neben der Förderung von Persönlichkeitsentwicklung, Glückserleben und Gemeinschaftssinn.

Nachdruck aus »Psychologie Heute« 2/14.
Mit freundlicher Genehmigung der Julius Beltz GmbH & Co. KG, Weinheim.

Religiöse Erziehung und religiöse Bildung:

Erschließung einer Lebensmelodie

Bernhard Dressler

»Was will denn eigentlich die ältere Generation mit der jüngeren?«, das ist für Friedrich Schleiermacher die Grundfrage aller Pädagogik.[1] Als Ziel religiöser *Erziehung* kann die Einführung der nachwachsenden Generation in die von der Elterngeneration ausgeübte religiöse Praxis und die damit verbundenen Überzeugungen und Haltungen verstanden werden. In gewisser Spannung steht dazu das Ziel religiöser *Bildung*: Die Entwicklung von Urteilskraft in religiösen Angelegenheiten. Beides, Bildung und Erziehung, gehört im pädagogischen Zusammenspiel von Familie und Bildungsinstitutionen zusammen. Religiöse Erziehungs- und Bildungsprozesse sollen nicht nur Kenntnisse über religiöse Traditionen, Lehren, Handlungsregeln vermitteln, sondern Lebensorientierung ermöglichen. Es geht also nicht in erster Linie um die Vermittlung religiösen Wissens. Pointiert gesagt: Das Thema religiöser Erziehung und Bildung ist nicht so sehr Religion, sondern das Selbst und die Welt im Lichte der Religion. In christlicher Hinsicht geht es dabei um die Bewahrung der christlichen Religion vor Missverständnissen, z.B. dem verbreiteten Missverständnis, sie sei eine Doktrin, die aus für wahr zu haltenden (leider aber wissenschaftlich widerlegten) Sachverhalten besteht.

In unserer nicht nur durch Technik und Wissenschaft, sondern auch zunehmend von anonymen Systemmächten bestimmten modernen Lebenswelt geht es in der Erziehungs- und Bildungspraxis generell um das Problem, wie sich Menschen als Grenzen der Systeme verstehen und anerkannt fühlen können, wie sie sich bei der Gestaltung ihres Lebens gegen den stummen Zwang der Sachverhältnisse behaupten können: »Menschen (…) müssen und wollen ihr Leben *führen*, es also nicht nur wie einen objektiven Prozess erfahren, als wäre es einer Krankheit ähnlich, die sie befällt.«[2] Die wechselseitige Affinität von Religion und Bildung liegt, so gesehen, auf der Hand.

Grenzen der Pädagogik und das Unverfügbare des Glaubens

Nun ist freilich allem pädagogischen Handeln eine scharfe Grenze gezogen: Gesinnungen und Überzeugungen sind in pragmatischer wie in ethischer Hinsicht weder zu erzeugen noch zu testen – sie sind unverfügbar.

Was pädagogisch allgemein für den Motivations- und Überzeugungshintergrund von Urteilskraft und Kompetenzen gilt, gilt religionspädagogisch und mit Blick auf die christliche Religion in besonderer Weise für den Glauben als jener orientierenden individuellen Gewissheit, zu der sich Gottvertrauen und Selbstvertrauen verbinden – Glaube ist pädagogisch und didaktisch unverfügbar. Er ist als Gabe Gottes weder durch moralische noch durch kognitive Anstrengung zu erwerben. Indes kann Religion als das kulturelle Zeichensystem erlernt werden, als das *Medium*, in dem sich der Glaube überindividuell ausdrückt und mittels dessen er kommuniziert werden kann. Religion schafft dem individuellen Glauben Wahrnehmungsschärfe und Expressionskraft. Religiöses Lernen öffnet gleichsam einen Verstehens- und Artikulationsraum, in dem Glaube wie in einer Nährlösung gedeihen kann, ohne deswegen als »erzeugt« zu gelten.   →

Man kann sich das am Verhältnis von Religion und Dankbarkeit klarmachen. Mit keinem anderen Gefühl ist die christliche Religion so innig verbunden wie mit dem Dank, genauer gesagt: Mit dem Weltverhältnis und dem Selbstverständnis, wie es sich im Zusammenspiel von Bitte und Dank einspielt. Zugleich ist dieses Gefühl unserem Willen entzogen: Ich kann mich zwar entschließen, mich dankbar zu zeigen, aber nicht, *dankbar zu sein*. Die damit verbundene Erfahrung im Verhältnis zu sich selbst kann als Selbsttranszendenz verstanden werden.

Zugleich zeigt sich so, wie wir uns in der Haltung, dass wir uns alles selbst zu verdanken haben, unsere Lebensfreude selbst moralisch abqualifizieren und verspielen. Erzieherisch soll alles getan werden, dass diese bei Erwachsenen so häufig zu beobachtende Haltung nicht auf Kinder abfärbt. Menschen, die die christliche Lebensform distanziert betrachten, äußern sich irritiert über Tischgebete: Die Gaben, für die wir Gott danken, würden wir doch letztlich unserer Arbeit, höchstens noch der Freundlichkeit anderer Menschen verdanken. Aus einer Perspektive, die alles unserer Verfügung zurechnet und Genüsse nur als Selbststeigerungsprojekte gelten lassen kann, stimmt das natürlich. Bei jedem Dankgebet geht es aber darum, nicht nur an die Gaben zu denken, die uns zukommen, sondern daran, dass wir uns Gott mit allem, was wir tun und haben, als seine Geschöpfe verdanken. Bei jedem Tischgebet danken wir Gott für das Wunder, dass es überhaupt etwas gibt und nicht vielmehr nichts.

Einüben in die Kunst der Anerkennung

Vor diesem Hintergrund ist zu überlegen, wie bei Kindern langsam eine Einstellung zum Leben wachsen kann, die es ihnen als Erwachsenen ermöglicht, das Unverfügbare vom Verfügbaren, das Geschenkte vom Machbaren zu unterscheiden. Mit dieser Unterscheidung kann sich die Einsicht verbinden, dass im Modus des Danks die ganze Welt in ein neues Licht rückt, in dem sie uns bewohnbar und heimisch erscheint, ohne dass ihre dunklen Seiten ausgeblendet werden. Ein durch Bitte und Dank geprägtes Verhältnis zu anderen Menschen und zu sich selbst verbindet sich zugleich mit der Sehnsucht nach Anerkennung, dem sehnlichen Wunsch also, als Person nicht mit seinen Eigenschaften und Taten verwechselt zu werden und unabhängig davon geachtet zu

werden. Im Wunsch, dass unsere Stimme gehört werde und unser Gesicht gesehen werde, im Wunsch, offene Ohren und Augen zu finden, sind ja auch wir Erwachsenen wie kleine Kinder, die bei der Glücksuche gar nicht auf die Idee kommen, nach etwas anderem zu suchen als nach jemandem, der sie findet, anblickt und anhört. Ich bin nicht, weil ich höre und weil ich sehe. Ich bin, weil ich gehört und angeblickt werde. Der Bitte um Anerkennung entspricht reziprok der Dank – nicht für *etwas*, sondern dafür, *jemand* zu sein. Anerkennungserfahrungen bilden die Tiefendimension jeder Erziehungssituation. In Anerkennungserfahrungen eröffnet sich, so ist zu hoffen, auch eine Gottesbeziehung.

Wunderbar hat das der Wandsbecker Bote, Matthias Claudius, in seinem Lied »Täglich zu singen« ausgedrückt:

Ich danke Gott und freue mich
Wie's Kind zur Weihnachtsgabe,
Dass ich bin, bin! Und dass ich dich,
schön menschlich Antlitz! habe.

Es ist entgegen einem auch im protestantischen Jargon verbreiteten Missverständnis weniger die Natur, ihre Schönheit und ihre Gaben, die für Gottes Schöpfung einstehen. Der Dank an den Schöpfer findet einen anderen ersten Grund. Martin Luther deutet den Glauben an den allmächtigen Gott als »den Schöpfer des *Himmels und der Erde*« im »Kleinen Katechismus« so: »Ich glaube, dass *mich* Gott geschaffen hat samt allen Kreaturen, mir Leib und Seele, Augen, Ohren und alle Glieder, Vernunft und alle Sinne gegeben hat und noch erhält …« Hier geht es ganz offensichtlich nicht um die Weltentstehung, die auch für Grundschulkinder inzwischen (zu Recht!) eher mit dem Urknall als mit Gott in Verbindung gebracht wird. Es geht vielmehr um das dankbare Vertrauen in die andauernde schöpferische Liebe Gottes, zu dessen Äußerung sich Menschen veranlasst fühlen, weil sie sich als Gottes Geschöpfe zu erfahren und zu verstehen gelernt haben. Im Staunen und im Dank von Menschen für ihre eigene Existenz erhält die Rede von der Schöpfung ihren präzisen theologischen Sinn.

So kann auch verstanden werden, dass in erzieherischer Hinsicht nichts, schon gar keine Belehrung, ein Klima der Zuwendung und der Anerkennung ersetzen kann. Nur wer Liebe und Achtung erfährt, kann auch andere Menschen achten. Ein solches pädagogisches Klima erzeugt einen Resonanzraum, in dem die Bereitschaft zu bitten und zu danken gedeihen kann. Das lässt sich nicht erzeugen. Pädagogisches Regelwissen, Intentionalität und Operationalisierbarkeit geraten hier an ihre Grenze. Keine Freundlichkeit kann damit *rechnen*, dass ihr angemessen geantwortet wird. Auch lassen sich Haltungen niemals kausal auf Sozialisationsbedingungen zurückverfolgen. Auch in der Rückschau geht kein Kalkül auf. Warum manche Kinder aus konfliktreichen Familien sich in der Welt emotional geborgener fühlen als manche Kinder aus »heilen Welten«, verweist auf nicht messbare Zwischentöne in den menschlichen Beziehungen. Dass aber in einem freundlichen Klima am ehesten eine mentale Bereitschaft zur Dankbarkeit wahrscheinlich wird, lässt sich doch sagen.

Freilich: Auch mit Blick auf Mentalitäten und Haltungen mischen sich affektive Motive und kognitive Einsichten. Es kann in dieser Hinsicht eben doch *auch* unterrichtlich gelernt werden. Im Religionsunterricht können Motive und Gründe des Dankens aufgespürt werden; *Ausdrucksformen* der Dankbarkeit können Schülerinnen und Schülern zugespielt werden. Sie können bereits im Grundschulalter erkennen, dass die Welt im Modus der Bitte und des Dankes anders erscheint als im Modus bloßen Wünschens oder Forderns.

Die Aufgabe religiöser Bildung

Insgesamt kann man sagen, dass sich im Prozess religiöser Erziehung das alltägliche Danken am besten über das Gebet und seine Sprachformen erschließt. Langsam werden die Kinder das Gebet vom Versuch einer magischen Beeinflussung Gottes unterscheiden lernen – und dabei lernen, dass es das Bitten-Können selbst ist, und nicht erst die Erfüllung der Bitte, in der sich ein Sinn eröffnet. Ohne die Grenzen der Beeinflussbarkeit von Gefühlen zu missachten, kann man vielleicht sagen, dass es religionspädagogisch darum geht, bei Kindern die Bereitschaft zu wecken, in das »täglich zu singende Lied« des Wandsbecker Boten einzustimmen. Es ist – wie gesagt – klar, dass niemand sich zu Selbstzuständen wie Dankbarkeit entschließen kann. Sie stellen sich ein. Umso weniger lassen sie sich erzieherisch (oder gar didaktisch) erzeugen. Eine kluge und sensible Pädagogik kann aber immerhin die Möglichkeit dafür verbessern, Gründe der Dankbarkeit für das eigene geschöpfliche Sein zu entdecken. Gelingen wird das nur in einem erzieherischen Klima, in dem

Kinder für Zuwendung und Anerkennung dankbar sein können.

Dabei wird dann zugleich der Grund für die Einsicht gelegt werden, dass die christliche Religion keinen geoffenbarten Sinn verspricht, der in Form einer lehr- und lernbaren Doktrin verstanden werden könnte. Den Sinn, auf den wir angewiesen sind, finden wir nicht als einen gedanklichen Inhalt, sondern in Zuwendungen, in der Präsenz eines liebevollen Blicks und eines tröstenden Wortes. Die christliche Religion verheißt eine *Zuwendung* (»Ich habe dich bei deinem Namen gerufen«, Jes 43,1) und eine *Gegenwart* (»Ich bin bei euch alle Tage«, Mt 28,19).

Im Unterschied zu identifizierbaren Bedeutungen sperrt sich das, was man die »Vollzugswahrheit« der christlichen Religion nennen kann, gegen die bloße verbale Rekonstruktion von Sinngehalten. Analog zeigt sich das im Vortrag eines Gedichts oder eines Liedes. Die Religion muss dennoch, um dem rationalen Nötigungsdruck der wissenschaftlich-technischen Lebenswelt standhalten zu können, in irgendeiner Weise zu deren Rationalitätsstandards kognitiv ins Verhältnis gesetzt werden können. Deshalb gibt es weiterhin und in der Moderne nötiger denn je nicht nur religiöse Erziehung, sondern auch religiöse Bildung. Am reinsten aber zeigen sich in der Musik Präsenzen jenseits von Sinn oder Bedeutung. Nicht von ungefähr verlangte Friedrich Schleiermacher, Religion solle nicht Gründe für unser Handeln liefern, auch nicht Lösungen der Welträtsel, sondern das Leben wie eine »heilige Musik« begleiten.[3] Im religiösen Lernen seine *Lebensmelodie* zu entdecken, verspricht einen Gewinn an Lebensorientierung und Lebensfreude.

Dr. Bernhard Dressler ist emeritierter Professor für Praktische Theologie und Religionspädagogik der Philipps-Universität Marburg.

1 Friedrich D. Schleiermacher, Grundzüge der Erziehungskunst (Vorlesungen 1826); in: Ders., Texte zur Pädagogik, Kommentierte Studienausgabe, Bd. 2, hrsg. von Michael Winkler u. Jens Brachmann, Frankfurt/M. 2000, S. 9.

2 Dieter Henrich: Bewußtes Leben. Stuttgart 1999, S. 81.

3 Friedrich D. Schleiermacher, Über die Religion. Reden an die Gebildeten unter ihren Verächtern; in der Ausgabe von R. Otto, Göttingen ⁷1991, S. 60.

Lust auf Leben – im Übergang

vom Berufsleben in den Dritten Lebensabschnitt

Wolfgang Lange

Wann beginnt das Leben?

Der überzeugte Bio-Genetiker behauptet: ... wenn im Fötus das Gehirn gebildet wurde.
Der konservative Christ behauptet: ... mit der Zeugung!
Der lebenstüchtige Pragmatiker behauptet: ... wenn der Hund tot ist und die Kinder aus dem Haus sind!
Und der Berufstätige behauptet: ... mit dem Eintritt ins Rentner-Dasein.

Mein Leben beginnt jeden Morgen, wenn ich langsam wach werde. Mir wird bewusst,
ein neuer Tag beginnt. Manchmal freue ich mich in Erwartung, was ich erleben werde.
Manchmal werde ich schwermütig: Ob ich heute den Anforderungen gerecht werde?

Aber so denke ich nicht erst, seitdem ich 60 Jahre alt bin und 39 Berufsjahre hinter mir liegen.

Das kenne ich auch vom Anfang meiner Dienstzeit.

Manches aber hat sich schon sehr verändert: Eine Wochen-Arbeitszeit von 60 und mehr
Stunden schaffe ich einfach nicht mehr. Und ich genieße es, ein Arbeitstagebuch zu führen.
Mein Überstunden-Maß gibt mir ein ruhiges Gewissen für einen Eintrag des Arbeitszeit-
Ausgleichs: Schön, diesen Freitag gehe ich schon 13:30 Uhr aus dem Büro!

Mit 30 und 40 Jahren habe ich keine Erschöpfung gespürt, wenn sich nach einer normalen Arbeitswoche
eine Wochenend-Rüstzeit anschloss. Und montags konnte es normal weitergehen, weil nach 8 Stunden
Nachtschlaf Schaffenskraft und Arbeitslust wieder da waren. Heute brauche ich mehr Zeit zum
Regenerieren! Das liegt vielleicht auch daran, dass ich selten 8 Stunden hintereinander schlafen kann.

Das Bedürfnis und die Fähigkeit zu einer besseren ARBEIT-FREIZEIT-BALANCE habe ich
mir richtig erarbeiten müssen in Fortbildungen, Beratung und Coaching. Ich genieße es, mittags
die Arbeit zu unterbrechen und nach dem kleinen Imbiss noch eine Viertelstunde spazieren zu
gehen. Viele kleine Unterbrechungen rhythmisieren heute meinen Arbeitsalltag. Die Spannkraft
reicht nicht mehr, um 3-4 Stunden hintereinander an einem Thema zu arbeiten. Wenn ein Anruf
kommt, stelle ich mich hin, um andere Muskelgruppen zu beanspruchen. Nach spätestens einer
Stunde konzentrierter Arbeit gehe ich in die Tee-Küche, um mir etwas zum Trinken zu holen.

Ich teile mir den Tag ein: die ersten Stunden des Tages für Erste-Prioritäts-Aufgaben;
E-Mail-Kommunikation erledige ich in der schwierigen Nachmittags-Zeit; wenn ich Ganztags-
Seminare leite, lege ich mich nach dem Mittagsspaziergang noch eine halbe Stunde hin.

Ganz kostbar ist die Unterbrechung in der kleinen Vormittagspause im Mitarbeiterraum. Wir erzählen
uns vom Wochenende, den Eindrücken des letzten Kino- oder Theater-Abends, den Erlebnissen
einer Wanderung, der Entdeckung eines besonders schmackhaften Essens oder eines Weines... Auch
Dienstliches drängt sich in die informellen Gespräche. Aber es gibt die Vereinbarung, dass diese
Viertelstunde Platzhalter für das Miteinander aller Anwesenden ist. Es ist erstaunlich, wie oft
ich einen besonderen »Schwung« aus dieser Runde in die nächste Arbeitsphase mitnehme.

Was mir besondere LEBENSLUST in meiner Arbeit bringt, ist der Kontakt mit den Menschen. Dabei
hat mir ein gruppendynamischer Perspektivenwechsel geholfen: das Potential der Teilnehmenden als
große Ressource! Viele Jahre lang hatte ich das Verständnis, als Leiter einer Gruppe/eines Seminars
allein für das Gelingen zuständig zu sein. Heute sehe ich mich zwar immer noch in der Leitungs-
Verantwortung, aber viel mehr als Impulsgeber und Moderator. Die gelingende Kommunikation aller
ist das wichtigste Ziel. Dazu sind auch Impulse und Materialien der Teilnehmenden hilfreich.
Und immer mal wieder hilft es mir, auf die Eigenverantwortung des Einzelnen hinzuweisen.

Ein anderer Aspekt für die hohe Berufs-Zufriedenheit ist meine Neugier auf die vielfältigen Bereiche der Gemeindepädagogik. Ständig gibt es neue Entdeckungen in theologischen, pädagogischen, soziologischen, psychologischen u.a. Bezugswissenschaften. Wie können diese Entdeckungen in die gemeindepädagogische Arbeit integriert werden? Eigene Fortbildungen erlebe ich als anregend und weiterführend. Besonders der Austausch mit anderen, der streitbare Diskurs über Sachthemen und die Überlegungen zur Umsetzung für praxisrelevante Bausteine wecken Lebens- und Arbeitsfreude in mir.

Gern engagiere ich mich in Projektgruppen, um an aktuellen Aufgaben gemeinsam zu arbeiten. Sie sind zeitlich begrenzt und am Ende steht ein präsentierbares Produkt. Mehr Mühe macht mir die Arbeit in Gremien, die aber genauso wichtig ist, um strategisch und berufspolitisch wirksam zu sein.

Und dann bin ich sehr zufrieden mit meinem ARBEITGEBER KIRCHE: akzeptable Rahmenbedingungen für Anstellung und Auslastung; genügend Freiraum für eigene Kreativität und Entwicklung eigener Vorstellungen; eine kommunikative Dienstgemeinschaft; angemessenes und pünktlich gezahltes Gehalt und gemeinsame Werte als tragende Basis addiere ich als Bestandteile einer positiven Berufs-Grundlage.

Besonders stärkend ist für mich die geistliche Dimension meines Professions-Verständnisses. Ich verstehe meinen Beruf nicht nur funktional, sondern habituell. Dieser Habitus (ein Gesamt-erscheinungsbild) integriert Professions-Kompetenz und Identifikation. Mehrere Aspekte wirken dabei wechselseitig Persönlichkeit und Beruflichkeit durchdringend: Berufungs-Erlebnisse, Beratung und Seelsorge, Pflege des eigenen geistlichen Lebens, theologische Auseinandersetzungen, biblisches Studium, geistlicher Austausch mit anderen und anders Glaubenden ...

Im Verkündigungsberuf wird mir manchmal die Gefahr des »BERUFS-CHRISTENTUMS« und des »GEISTLICHEN FUNKTIONÄRS« bewusst. Hier hilft mir am meisten der geerdete Austausch mit kleinen und großen Menschen in verschiedenen Kontexten: kirchgemeindlich, sozialräumlich und darüber hinaus in Begegnungen auf Landesebene und länderübergreifend.

Je länger ich im pädagogischen Beruf tätig bin und im Austausch mit anderen Pädagoginnen und Pädagogen stehe, umso bewusster wird mir die Bedeutung der Persönlichkeit. Auch die neuen Forschungsergebnisse der Hirnbiologie belegen die Wirkung der Person - vor allen Inhalten.

Alles was ich in »Persönlichkeit« investiere, kommt mir als Person und als Pädagoge zugute: der wöchentliche Rücken-Gymnastik-Kurs, Bewegung und Fitness-Training, Sauna und Kulturgenuss, der Austausch über neue Rezepte für bewusste Ernährung, die Muse-Stunde auf dem Trampolin liegend und in den Himmel blickend, das Spiel mit den Enkelkindern, die schnurrende Katze auf dem Bauch ... Das alles befördert bei mir neben den o.g. geistlichen und berufsspezifischen Aspekten Persönlichkeitsbildung und Lebenszufriedenheit.

Die neudeutsche WORK-LIFE-BALANCE erscheint mir irreführend!

Arbeit und Leben werden dabei nebeneinander gestellt. Für mich ist Arbeitszeit auch Lebenszeit! Ich bin sehr froh, auch in meiner Arbeit erfüllt zu leben. Wichtig ist dabei, mein Leben nicht über meine Arbeit zu definieren. Zu meinem gelingenden Leben gehören erfüllte Partnerschaft, vielfältige Beziehungs-Systeme, eine wachsende Großfamilie, ausbalancierte Arbeits- und Freizeit-Rhythmen, ehrenamtliches Engagement, viel Natur und Bewegung, Anregung durch Musik, Literatur, Kunst, Muse - und natürlich auch die Arbeit, als ein Aspekt neben vielen anderen.

Dankbar schaue ich auf fast 40 Arbeitsjahre als Gemeindepädagoge zurück. Nicht alles ist dabei gelungen. Am meisten habe ich von kleineren und größeren Dienstgemeinschaften und Team-Arbeit profitiert. Und die besten Ergebnisse sind gemeinsam erzielt worden.

Gefühlt habe ich dabei mehr Lebenszeit im Beruf als in der Freizeit verbracht. Deshalb freue mich, bei hoffentlich noch guter Gesundheit den »3. Lebensabschnitt« selbstbestimmter zu verbringen. Immer mehr spüre ich eine besondere Lebendigkeit im »Grünen«, bei Bewegung und Begegnung.

Für diese Lebenslust mehr Zeit zu haben - darauf freue ich mich sehr!

Wolfgang Lange ist Studienleiter Gemeinde-pädagogik am Theologisch-Pädagogischen Institut Moritzburg.

Vision Quest – Visionssuche

Jugendliche in Gottes Schöpfung unterwegs zum Erwachsenwerden

Ingrid Auernhammer, Wolfgang Schindler

Erwachsen werden fordert heute die Bewältigung anderer Entwicklungsaufgaben als in früheren Jahrhunderten. Einst ein klar markierter Schritt in eine neue Rolle ist es heute ein längerer Prozess. Und doch bleibt eines gleich: Es geht darum, das eigene Leben in die Hand zu nehmen, zunehmend Verantwortung für sich und für die Gemeinschaft zu übernehmen. Dies war und ist der Kern von Übergangsritualen, die in vielen Kulturen praktiziert wurden, der inszenierte Übergang in einen neuen Status. Seit tausenden von Jahren sind solche INITIATIONSRITEN in der Geschichte der Menschheit verwurzelt, Relikte davon finden sich in der Gegenwartskultur: Beim Junggesellenabschied zieht man nochmal ausgelassen durch die Straßen, weil danach der Ernst der Ehe all dem ein Ende zu bereiten droht. Beim Abi-Streich sind die nun Reifegeprüften zumindest einmal richtig stark, ehe sie dann als Erstsemester wieder klein anfangen.

Übergangsrituale prägen Hochzeit, Kommunion und Konfirmation, oft nach Vorbereitung im Brautleute-Seminar, nach etlichen Monaten Konfirmandenunterricht: Vom Junggesellen zum Ehemann, vom Kind zum Gemeindemitglied mit allen Rechten und Pflichten (ausführlicher: Schindler 2015). Nur, in der ›Multioptionsgesellschaft‹ ist es nicht mehr so einfach und klar mit dem neuen Status wie ehedem, als verheiratete Frauen etwa schon an ihrer veränderten Kleidung erkennbar waren und das Jugendalter als – bisweilen jahrzehntelange – Statuspassage noch nicht erfunden war.

Wohin aber können Initiationsrituale initiieren, wenn eindeutige gesellschaftliche Rollen so schon längst keinen Bestand mehr haben? Rituale haben an Kraft verloren, existieren gleichwohl noch als gesellschaftlich anerkannte Hülle, deren Leerräume mit Konsumritualen gefüllt werden, die aber den Bedarf an Sinn und Orientierung, am Finden einer neuen Identität nicht stillen können. Erwachsen werden geht anders – aber wie? Wege und Kompensation gibt es freilich vielfach: Die Mutprobe als Jugendlicher beim Eintritt in die Straßengang oder – lebensgefährlich – beim S-Bahn-Surfen, die Selbstüberwindung als Berufstätiger beim Managertraining im Hochseilgarten.

Vision Quest – Visionssuche – ist eine moderne Form einst archaischer Übergangsriten, auch für Übergänge in späteren Lebensphasen. Ursprünglich in den Vereinigten Staaten und in Anlehnung an indianische Traditionen von Steven Forster und Meredith Little für die Arbeit mit sogenannten »Problemjugendlichen« entwickelt, wird sie mittlerweile in vielen Bereichen praktiziert, in denen Menschen auf der Suche nach sich und ihrem Platz im Leben sind.

Fokus und Praxis einer Visionssuche machen diese unterscheidbar von den vorgenannten Bewährungsproben. Auch hier geht es darum, sich einer Herausforderung zu stellen, sie zu bestehen: »Quest« bezeichnet im Englischen die Suche, die (abenteuerli-

che) Reise des Ritters, des Helden, am bekanntesten in der Artus-Legende, der Suche nach dem Heiligen Gral: Parzival, der am Ende seiner »Heldenreise« den Gral schließlich findet, nein, erringt, startet als naiver Junge, als Narr und verbringt Jahre seiner Reise damit, herauszufinden, wonach er eigentlich sucht. Erst als er mit den mühsam angeeigneten Vorgaben des ritterlichen Verhaltenskodex bricht und die »Mitleidsfrage« stellt, wird der alte Hüter des Grals geheilt, und mit ihm die Gemeinschaft der Gralsritter. Diese Suche nach seiner Vision ist ein Entwicklungsweg, kein Selbstoptimierungstraining auf ein operationalisierbares, systemkonformes Ziel hin.

Formen von Visionssuchearbeit haben längst Eingang in kirchliche Praxis gefunden. Gemeinsam ist ihnen, Natur als Ort der Selbst- und Gotteserkenntnis wieder zu entdecken. Natur, von Gott geschaffener lebendiger Organismus, dem Gottes Nach-Sintflut-Zusage im Regenbogen gilt, in der sich sein Wirken den Menschen offenbart, die ihr mit Achtsamkeit und Offenheit begegnen. So wird sie zum besonderen Erfahrungsraum und bietet die Chance für überraschende Begegnungen mit sich selbst, den Mitgeschöpfen und mit Gott.

Allen Visionssuche-Formaten gemeinsam sind die drei Phasen Vorbereitung, Schwellen- bzw. Solo-Zeit und Integrationsphase. Unterschiedlich ist die jeweilige Dauer, vor allem der Schwellenzeit, jener Zeit, in der der Gemeinschaft, der Gruppe entsagt wird und man sich ohne Kontakt zu den anderen Menschen, ohne feste Behausung und ohne Essen hinaus begibt in die Natur, mit all dem Schönen, aber auch Unangenehmen und Unbequemen, das sie bereithält.

In der traditionellen Visionssuche dauert diese Solo-Zeit für Erwachsenen vier Tage und vier Nächte, für Jugendliche drei Tage und drei Nächte (Maharaj, S. 127). Daneben haben sich, vor allem im Bereich der Jugendarbeit, auch kleinere Formate, sogenannte Walkaway-Wochen oder -Wochenenden eta- →

bliert: Dabei verbringen die jugendlichen Teilnehmenden meist einen Tag und eine Nacht in der Natur und haben außer Trinkwasser keine Nahrung, sind alleine und verzichten freiwillig auf Ablenkungen wie elektronische Kommunikationsmittel, erleben Stunden ohne feste Behausung, nur mit Schlafsack, Matte und Plane als Schutz gegen Regen. Als fünftägige »Klausur« wird dieses Format auch von Erwachsenen gerne belegt, oft auch als erste Erkundung oder niederschwellige Burnout-Prophylaxe.

Vor dem rituellen Übertritt über eine selbstgelegte Schwelle in die »Anderswelt« der Natur steht eine Vorbereitungszeit. Auf kleinen Schwellenwanderungen sind die Teilnehmenden ein bis zwei Stunden mit einer Anregungsfrage unterwegs, achtsam gegenüber dem, was ihnen begegnet und was solche Begegnung in ihnen auslöst. Ebenfalls zur Vorbereitung gehören sicherheitsrelevante Aspekte sowie das Besprechen oft bestehender Ängste vor dem Unbekannten, Unvertrauten. Bereits diese Schwellenwanderungen enthalten alle die Visionssuche stützenden Elemente und Rituale, wie Singen und Räuchern, die ja auch in der kirchlichen Praxis jahrhundertealte Tradition haben. Auch der bewusste, begleitete Schritt über eine Schwelle in einen besonderen Erfahrungsraum und eine inszenierte Rückkehr in die Gemeinschaft, in der die Erfahrungen mitgeteilt und gespiegelt werden, sind Rituale, die Orientierung und Sicherheit geben, um sich dem Unerwarteten öffnen zu können.

Gerade für Jugendliche – gleich in welcher der doch recht unterschiedlichen Lebensphasen und Situationen, in denen sich junge Menschen in der individualisierten und pluralistischen Gesellschaft befinden – ist, nach unserer Erfahrung, solche Verlässlichkeit und Sicherheit wichtig, damit sie sich ihrer eigenen Unsicherheit und Verletzlichkeit stellen können und wollen. Denn bei aller Faszination des äußeren Abenteuers, bisweilen sogar phantasierten

Überlebenstrainings – und als solches wird die Solozeit, das »Übernachten im Wald« zunächst gesehen – braucht es eine verlässliche Basis, damit es zu einer wirklichen Begegnung mit sich selbst und mit der Schöpfung, mit den Geschöpfen in der Natur und mit dem Göttlichen kommen kann.

Der Rahmen und die Methoden sind es auch, die dabei helfen, in der Integrationsphase das Erlebte zur verdichteten Erfahrung, zur Vision werden zu lassen. Erst der bewusste Wiedereintritt über die Schwelle, zurück in die Gemeinschaft der Gruppe, das gemeinsame Fastenbrechen und das Hören und die Würdigung der mitgebrachten Erfahrungen machen aus dem Abenteuer eine Visionssuche. Art der Rückkehr und Form der Würdigung hängen vom Teilnehmendenkreis und Gesamtkonzept ab. Elementarer Bestandteil dabei ist das auf fünf bis fünfzehn Minuten begrenzte Erzählen des Erlebten und das Hören der eigenen Geschichte aus dem Mund der Visionssucheleiter, Spiegeln genannt. Bei jüngeren Teilnehmenden bedarf es alternativ mindestens einer würdigenden Bestätigung des Erzählten und Erlebten. Von Visionssuchen und Walkaways mit Schülerinnen und Schülern wird bisweilen auch berichtet, dass zur Rückkehrphase die Eltern anreisen, um ihre – nunmehr einen kräftigen Schritt ins Erwachsenenleben gegangenen – Kinder zu empfangen.

Was geschieht also bei einer Visionssuche?

»Im besten Fall«, so beschreibt der Landesjugendpfarrer der Evangelisch-Lutherischen Kirche in Bayern (ELKB), Gerd Bauer, »erlebt sich ein Mensch ganz unmittelbar und ohne eigenes Zutun als angenommen und getragen. Sinn des Rituals ist die grundsätzliche Anerkennung des aktuellen Lebenszustands, die Übernahme der Verantwortung für sich selber, die Identifikation mit der eigenen Geschichte, den eigenen Zweifeln und offenen Fragen. Licht und Schatten gehören zusammen. Der einzelne Mensch, der sich seiner Angst und Einsamkeit

gestellt hat, kehrt verbunden mit der Natur und seinen Mitmenschen aus der Einsamkeit des Fastens zurück. Die verschiedenen Facetten des eigenen Lebens ausgewogen und realistisch anzuerkennen ermöglicht es, einen neuen Schritt im Leben zu tun und persönlich zu wachsen. Aus der tiefen Erfahrung der Verbundenheit mit dem umfassenden Ganzen, bestimmt der Mensch seine Rolle in seiner sozialen Gemeinschaft und seine Verantwortlichkeit neu.«[1]

Geseko von Lüpke, tiefenökologisch orientierter Autor und Visionssucheleiter, verortet Visionssuchearbeit zwischen Reform- und Ökopädagogik. Initiatorische Prozesse wie die Visionssuche »bieten mit dem Rückzug in die einsame Schwellenwelt eine Erfahrung an, in der Jede(r) über sich, seine beschränkten Selbstbilder und Ängste hinauswächst. Sie bieten die verkörperte Erfahrung tiefer Verbundenheit (mit der natürlichen Welt) und zugleich einen Wachstumsraum in Freiheit und Autonomie. Diese zwei polaren Erfahrungen, die Gerald Hüther als die Grundbedürfnisse eines jeden Menschen seit der Geburt bezeichnet, werden in der herausfordernden Grenzerfahrung eines initiatorischen Prozesses berührt, ohne dass irgendjemand die Regeln oder Wege dorthin vorgibt«.[2]

Im Netzwerk Schöpfungsspiritualität reflektieren deutschlandweit kirchliche Mitarbeitende aus unterschiedlichen Bereichen – Konfirmandenarbeit, Jugend- und Erwachsenenbildung, Männerarbeit sowie Aus-, Fort- und Weiterbildung – diese Praxis mit Menschen in Übergangssituationen, in allen Altersstufen. Ein mehrjähriges, zusammenhängendes Weiterbildungsprogramm der ELKB, speziell für kirchliche Mitarbeitende, qualifiziert, neben anderen modularen Angeboten, zur professionellen Praxis als Visionssucheleiter/Ritualbegleiter.

Weiterführende Links:
www.visionssuche.ejb.de
www.minds-on.net/visionssuche/
www.visionssuche.net

Literatur:
Bauer, Gerd (ohne Jahr), Was ist Visionssuche,
http://www.ejb.de/index.php?id=476 (letzter Zugriff: 16.3.2017)

Forster, Steven/Little, Meredith (2006): Visionssuche.
Das Raunen des Heiligen Flusses, Arun-Verlag, 4.Auflage

Forster, Steven/Little, Meredith (ohne Jahr): Lost Borders – verlorene Grenzen: Handbuch zur Jugendvisionssuche, Ebersried – Ökosys

Koch-Weser, Sylvia/von Lüpke, Geseko, (2005): Vision Quest. Visionssuche: Allein in der Wildnis und auf dem Weg zu sich selbst, Knaur-Verlag München

Maharaj, Stephanie (2011): Erwach(s)en, Visionssuche im Siebengebirge, tradition-Verlag Hamburg

Schindler, Wolfgang (2015): Übergangsrituale – Meilensteine an Entwicklungswegen, in: ›das baugerüst‹ Heft 2, 2015, S. 58 ff.

von Lüpke, Geseko (2014), »Mit initiatorischer Arbeit innere Potentiale entfalten«, http://www.josefstal.de/jahresbericht/2014/006.htm (letzter Zugriff: 16.3.2017)

1   Bauer, Gerd: http://www.ejb.de/index.php?id=476
2   von Lüpke, Geseko: http://www.josefstal.de/jahresbericht/2014/006.htm

Beide Autoren sind ausgebildete Visionssuche-Leiter in der Tradition der »School of Lost Borders«: Ingrid Auernhammer, Pappenheim, Jahrgang 1954, ist Diplompädagogin und Supervisorin (IGSV); als Referentin im Amt für Jugendarbeit der Evangelisch-Lutherischen Kirche in Bayern zuständig für Jugendliche im Freiwilligen Ökologischen Jahr (FÖJ)

Wolfgang Schindler, Josefstal, Jahrgang 1950, ist Diplompädagoge, Gruppenanalytiker (GAG) und Supervisor (IGSV); seit 2015 freiberuflich bei minds-on.

Meine Fähigkeiten und Kompetenzen

Die eigenen Potenziale entdecken und entwickeln

Ulrich Jakubek

Heute wird nicht nur von Berufsanfängern erwartet, dass sie ihre Kompetenzen und Fähigkeiten kennen. Ähnliche Vorstellungen gelten auch für das ehrenamtliche Engagement. Für die vorhandenen Kompetenzen und Fähigkeiten wird das passende Ehrenamt gesucht. In einer komplexen und dynamischen Welt geben Kenntnisse über die eigenen Fähigkeiten und Kompetenzen Sicherheit. Das Wissen darüber vermittelt dem Einzelnen die Möglichkeit, mit den vielfältigen Herausforderungen von Modernisierungsprozessen zumindest etwas selbstbewusster umzugehen.

Mit einer Reihe von Initiativen fördert die Europäische Kommission und das Europäische Parlament die Bildung eines gemeinsamen Raumes für lebenslanges Lernen. Dazu gehört die Transparenz über die verschiedenen Bildungsabschlüsse und die damit erworbenen formellen und informellen Kompetenzen. Persönlichkeits- oder Kompetenzmodelle bieten Orientierung an.

Das Amt für Gemeindedienst in der Evang.-Luth. Kirche in Bayern (ELKB) hat vor diesem Hintergrund ein Kartenset produziert, das einen leichten, spielerischen Gesprächseinstieg – auch mit sich selber – zu den eigenen Kompetenzen und Fähigkeiten ermöglicht. Das Kartenset KreaTalento® kann

jede und jeder für sich persönlich zur Reflexion, zur Eigen- und Fremdwahrnehmung sowie zur persönlichen Weiterentwicklung nutzen. Es ermöglicht Gruppen und Teams, sich näher kennenzulernen, ein Talentprofil der Gruppe zu erstellen oder den Teambildungsprozess zu fördern. Im beruflichen Kontext eignet es sich für den Einsatz in Supervision und Coaching oder in der Mitarbeiterentwicklung bzw. zur Gewinnung von Mitarbeitenden.

Entwicklung

Das Kartenset KreaTalento® basiert auf dem Kompetenzmodell Crea Leadership® und dessen praktischer Umsetzung in Form des Crea-Leadership-Kompetenz-Spiels, das federführend von Jürgen Rippel an der Hochschule Ansbach entwickelt wurde. Zusammen mit Prof. Dr. Jochen Müller setzt er Crea Leadership bereits seit Jahren erfolgreich im Bildungs- und Businessbereich ein.

Für den Einsatz im sozialen und kirchlichen Bereich wurde es von einer Projektgruppe um den Projektleiter Ulrich Jakubek im Amt für Gemeindedienst überarbeitet. Die Projektgruppe hat sich für dieses Kompetenzmodell entschieden, weil neben der methodischen, der fachlichen, der sozialen und der persönlichen Kompetenz noch die Intuition aufgenommen wurde. Wir wissen, dass der Intuition heute auch wissenschaftlich eine große Bedeutung beigemessen wird. Für den Direktor des Max-Planck-Instituts für Bildungsforschung in Berlin, Prof. Dr. Gerd Gigerenzer ist Intuition gefühltes Wissen. Ein Gefühl, das sich durch drei Dinge auszeichnet: »Es ist sehr schnell im Bewusstsein. Wir wissen nicht, warum dieses Bauchgefühl plötzlich da ist. Und es lenkt viele Entscheidungen in unse-

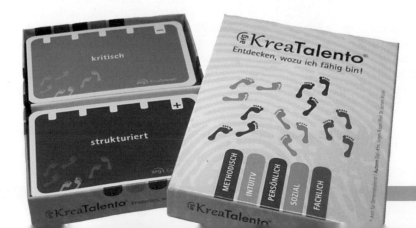

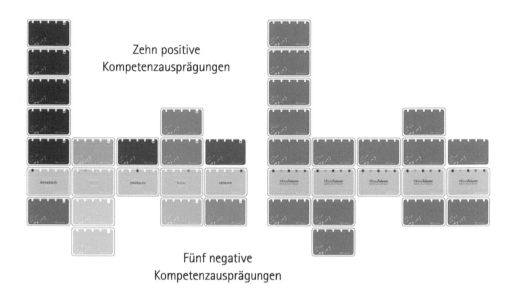

Zehn positive
Kompetenzausprägungen

Fünf negative
Kompetenzausprägungen

rem Leben. Intuition ist unbewusste Intelligenz und sagt uns, was wir machen sollen.« Intuition reduziert die Komplexität in unserem Leben.

Ziel

Je nach Tätigkeitsfeld und Aufgabenstellung werden in Beruf und Ehrenamt Menschen mit unterschiedlichen Kompetenzen und Fähigkeiten benötigt. Wichtig ist, dass die richtige Person, d.h. die Person mit den benötigten Fähigkeiten zur richtigen Zeit am richtigen Ort ist. Die Arbeit wird damit zufriedenstellender und qualitätsvoller. Hier setzt das KreaTalento-Kartenset an und bietet einen Überblick über das Spektrum der individuellen Stärken und Schwächen.

KreaTalento kann jede und jeder für sich persönlich nutzen. Es schult die Selbstwahrnehmung und Reflexion und damit auch die persönliche Weiterentwicklung. Gruppen und Teams eröffnet es die Möglichkeit, Talentprofile zu erstellen und den Teambildungsprozess zu fördern. Im beruflichen Kontext eignet es sich für den Einsatz in Beratung, Supervision und Coaching oder in der Mitarbeiterentwicklung bzw. zur Gewinnung von Mitarbeitenden. (http://www.afgshop.de/kreatalento-entdecken-wozu-ich-faehig-bin.html).

Ablauf

Im ersten Schritt werden die fünf Fähigkeitskarten mit der hellgrauen Kartenrückseite nebeneinander ausgelegt (rot = methodische, gelb = intuitive, violett = persönliche, grün = soziale, blau = fachliche Fähigkeiten).

Als Zweites werden zwei Kartenstapel mit je 50 Karten gebildet. Der erste Kartenstapel enthält die Stärken (positive Eigenschaften/Ausprägungen) und der zweite Kartenstapel die Schwächen (negative Eigenschaften/Ausprägungen). Bei beiden Kartenstapeln zeigt zunächst die dunkelgraue Kartenvorderseite nach oben, damit die Farben keinen Einfluss auf die Auswahl nehmen.

Im dritten Schritt findet die Auswahl von zehn Stärken und fünf Schwächen statt. Dem Spieler oder der Spielerin bzw. den spielenden Personen steht es frei mit den positiven oder den negativen Eigenschaften zu beginnen. Während des Auswahlvorgangs besteht jederzeit die Möglichkeit Karten neu zu wählen und bereits ausgewählte Karten in den Ursprungskartenstapel zurückzulegen.

Nachdem zwei neue Kartenstapel mit zehn Stärken und fünf Schwächen entstanden sind, werden die ausgewählten Karten umgedreht, damit die farbige Kartenrückseite zum Vorschein kommt. Ab diesem Zeitpunkt sind die gewählten Eigenschaften zunächst nicht mehr änderbar. In diesem Schritt findet die Zuordnung der Eigenschaften zu der jeweiligen Fähigkeit statt. Oberhalb der hellgrauen Fähigkeitskarten werden die positiven Eigenschaftskarten der entsprechenden Fähigkeit zugeordnet. Im Gegenzug werden unterhalb die negativen Eigenschaftskarten abgelegt.

Im sechsten und letzten Schritt sind die Fähigkeiten und das Gesamtprofil ersichtlich. Nun kann das Ergebnis diskutiert, interpretiert und es können daraus Handlungsideen abgeleitet werden, um das vorhandene Kompetenzpotenzial zu nutzen und Fähigkeiten weiterzuentwickeln.   ➜

48 Ehrenamtliche suchen mit KreaTalento nach ihren Stärken und Schwächen im Besuchsdienst

Tipps für ein gutes Ergebnis

- Sie können die Stärken und Schwächen auch umdeuten, denn sie entfalten ihre Wirkung immer in den unterschiedlichen Kontexten. So kann die Schwäche »egoistisch« in einem Kontext, wo ich mich abgrenzen muss, hilfreich sein. Die Stärke »hilfsbereit« kann dazu führen, dass zu wenig die eigenen Bedürfnisse berücksichtigt werden.
- Manchmal ist jemand mit dem Ergebnis nicht ganz zufrieden, weil z.B. bei »fachlich« keine Stärke abgelegt werden konnte und dafür bei »sozial« vier oder fünf »Stärkekarten« liegen. Hier biete ich die Möglichkeit eines Tausches an. »Sie

konnten sich ja nur für die Begriffe entscheiden, ohne zu wissen, welchen Fähigkeitsfeldern sie zugeordnet sind. Wenn Sie möchten, dann suchen Sie in den blauen Karten (fachlich) nach einer passenden Stärke.« Da im Leben allerdings nicht immer alles additiv geschehen kann, darf die Karte nur gegen eine andere »Stärkekarte« ausgetauscht werden.
- Die »Regeln« von KreaTalento können immer wieder abgewandelt und angepasst werden. Wichtig bleibt allein das Ziel, für alle Beteiligten einen Nutzen zu stiften und ins Gespräch zu kommen. Niemand darf durch KreaTalento frustriert oder enttäuscht werden.

Mit solchen Angeboten und einer wertschätzenden, anerkennenden Grundhaltung kann die eigene Handlungsfähigkeit aktiviert werden und es entstehen mentale Modelle, die ihre Wirkung im Leben zeigen werden.

Ulrich Jakubek ist stellvertretender Leiter des Amts für Gemeindedienst in der ELKB und Geschäftsführer des Fachbeirates Ehrenamt in der ELKB.

ZURÜCKGEBLÄTTERT ZUM THEMA DIESES HEFTES

in: Die Christenlehre 28/1975, S. 247–250 i. A.

LEBENSBILDER

1. Lebensbilder bieten Konkretionen des Christlichen (etwa der Nachfolge Jesu, des Engagements usw.). Sie zeigen eine Sache als Leben und damit – im wahrsten Sinne des Wortes – als lebendig.
2. Lebensbilder entsprechen dem Denken Heranwachsender insofern, als sie die komplexe Geschichtssituation »personalisieren«, Zustände in Handlungen auflösen und dadurch anschaulich und überschaubar machen …

Dennoch zwingt das, was in Unterrichts- und Arbeitshilfen, besonders aber in der unmittelbaren Gemeindesarbeit an Lebensbildern angeboten wird, vielfach zu kritischen Rückfragen: Lebensbilder »bilden« Leben ab - woraufhin wollen sie heutiges Leben »bilden«? … Wenn (sie) für heutige und

morgige Lebensgestaltung etwas austragen (sollen), wird der Leiter nicht Lösungen der Vergangenheit mitteilen, sondern die Gruppe zum Befragen der Geschichte anregen, damit diese selbst mit seiner Hilfe die Vergangenheit nach Einsichten für eigenes Leben absucht …

Vergangene Geschichte ist in der Wirklichkeit unserer Welt »aufgehoben«. Die Beschäftigung junger Menschen mit der Geschichte, ihren Triebkräften, ihren Fragestellungen und Antwortversuchen ist daher kein Akt der geistigen Denkmalpflege, sondern der Versuch, heutige Wirklichkeiten zu verstehen … Dadurch werden Orientierungshilfen freigesetzt für das, was heute »christlich« ist, für das, was leben lässt und Menschen frei macht für Zukunft.   Roland Degen

Lust auf Leben – Auftanken und Ausrichten

Fortbildungen für Gemeindepädagogen (FS und FH)
nach mehreren Berufsjahren in der EKM

Ingrid Piontek

Kraftvoll starten

Viele Gemeindepädagoginnen und Gemeindepädagogen starten engagiert und schwungvoll nach ihrer Ausbildung. Leuchtende Augen, brennendes Herz, sprühende Ideen und tolle Gruppen, mit Leib und Seele – Lust auf Arbeit, Lust am Leben! Aber wie können Gemeindepädagogen auch nach mehreren Berufsjahren noch mit Schwung und Freude arbeiten und leben, wenn sich die Bedingungen gravierend ändern? Die Arbeitsbereiche werden größer, vertraute Arbeitsformen sind nicht mehr gefragt und praktikabel, neue Arbeitsfelder werden gebraucht, andere Zielgruppen sind zu erschließen – und die eigene Arbeitskraft und die verfügbare Zeit wachsen nicht automatisch in gleichem Maß mit. Hinzu kommen strukturelle Veränderungen und manchmal Reibungsverluste im beruflichen Alltag. Das schafft Verunsicherung und manchmal das Gefühl, nur noch zu funktionieren.

Die Fragen, wie man Arbeit und Privatleben in eine gute Balance bringt und wie neuere Erkenntnisse und Methoden genutzt werden können, müssen bearbeitet werden, damit die Lust auf Leben in der gemeindepädagogischen Arbeit erhalten oder neu geweckt werden kann.

Innehalten und Auftanken

Als Reaktion darauf entstand 2012 am Pädagogisch-Theologischen Institut der Evangelischen Kirche in Mitteldeutschland und der Evangelischen Landeskirche Anhalts die viermodulige Fortbildung »Mitten im Leben – mitten in der Gemeinde«. Gemeindepädagogen hatten auf diese Weise die Möglichkeit innezuhalten, den eigenen beruflichen Weg zu reflektieren und Impulse für ihr Arbeitsfeld aufzunehmen. In der viele Jahre zurückliegenden Ausbildung waren Themen wenig vorgekommen, die gegenwärtig bedeutsam sind, z.B.: Religiöse Bildung mit 0- bis 6-Jährigen, Arbeit mit Familien, Theologisieren mit Kindern, Gewinnung und Begleitung von Ehrenamtlichen, Arbeit mit 10- bis 13-Jährigen, Inklusion

in der Gemeinde. Beleuchtet wurde auch die Rolle in der Gemeinde, der Umgang mit Erwartungen, die Frage nach der eigenen Spiritualität und Perspektiven der beruflichen Entwicklung.

Die Teilnehmenden betrachteten diese Fortbildung im Rückblick als Geschenk. Wertvoll waren ihnen der Austausch in der Gruppe und die kollegialen Beratungen, da viele in der Praxis noch »Einzelkämpfer« sind. Bei den Feedbacks fiel häufig der Begriff »Auftanken«. Einige Stimmen von Teilnehmenden:

»Es tat gut, einfach anzuhalten, sich Zeit nehmen zu dürfen.«

»Die Fortbildung war für mich Kraftquelle, Wellness-Behandlung und Tankstelle:«

Wichtig waren den Teilnehmenden auch die Zeiten der Stille und die Auseinandersetzung mit sich selbst: So äußerte eine Teilnehmerin:»Die Fortbildung hat mir viel gegeben: eine andere Sicht auf mich selbst und einen anderen Umgang mit mir.« →

Ausrichten und ermutigt weitergehen

Die Gemeindepädagogen schätzten diese Fortbildung als bereichernd, stärkend und impulsgebend. Beim Abschluss formulierten Teilnehmer ihren Ausblick:

»In die Zukunft gehe ich mit neuem Mut, Gelassenheit und Freude.«

»Mit einem hoffnungsvollen Blick nach vorn gehe ich an meine Arbeit zurück.«

»Für meinen weiteren Dienst in den größer werdenden Gemeinden (Pfarrbereichen, die Red.) bin ich gut gerüstet. Es tut einfach gut, mit Kollegen die Sicht von außen zu betrachten.«

Ein neues Format erproben

Ein neues Format rückte in das Blickfeld: In der EKM gibt es seit vielen Jahren Bilanz- und Orientierungstage für Pfarrerinnen, Pfarrer, ordinierte Gemeindepädagoginnen und Gemeindepädagogen, zu denen das Pastoralkolleg nach 10 und nach 20 Dienstjahren einlädt. Diese Fortbildung will helfen, den großen Schatz an unterschiedlichen beruflichen und geistlichen Erfahrungen in Tagen des gemeinsamen Lebens an einem wohltuenden Ort im Bibelgespräch, im kollegialen Gespräch miteinander und persönlich zu reflektieren. Sie bietet die Chance, zehn Tage aus dem beruflichen Alltag herauszutreten, sich geistlich zu vergewissern und neue Impulse und Orientierung für den weiteren beruflichen Weg zu bekommen. Dieses Format wurde auch von Gemeindepädagogen gewünscht. Erstmalig gab es dieses Angebot im März 2017.

Auftanken und Ausrichten

Orientierungstage für Gemeindepädagoginnen und Gemeindepädagogen – eine Kooperationsveranstaltung zwischen dem Pädagogisch-Theologischen Institut und dem Pastoralkolleg. Es diente als Pilotprojekt für ein angedachtes regelmäßiges Angebot auch für diese Berufsgruppe. Es brauchte keinen langen Anlauf und nicht viel Werbung: Der Kurs war schnell gefüllt. Der Bedarf, nach mehreren Berufsjahren innezuhalten, um aufzutanken und sich neu zu orientieren, ist reichlich vorhanden. An diesen ersten Orientierungstagen nahmen 13 Gemeindepädagogen teil. Die Kirchenkreise unterstützten das Projekt, indem sie auch hier die Teilnehmergebühren komplett übernahmen.

Elemente des gemeinsamen Weges durch diese Tage waren
- das gemeinsame geistliche Leben mit Morgen-, Mittags- und Abendgebet
- das tägliche Bibelgespräch
- Bearbeitung von »Brennpunkten« in Kleingruppen nach der Methode der Kollegialen Beratung
- Rückblick auf persönliche und berufliche Lebensleistungen
- Vergewisserung der eigenen Stärken in kollegialer Beratung
- thematische Impulse und Gespräche zu Erfahrungen im gemeindepädagogischen Dienst, zu gegenwärtigen Herausforderungen und persönlichen Perspektiven
- das Angebot von Einzelgesprächen
- eine Exkursion in die nähere Umgebung; eine gemeinsame Wanderung im schönen Harz.

Drei Teilnehmer geben ihren Eindruck von diesem ersten Kurs so wieder:

»Wir waren ein bunter Haufen, alle in unterschiedlichen Bereichen bei Kirche unterwegs; und hatten doch alle eins gemeinsam – wir waren ausgepowert und erschöpft und doch hielt uns die Freude zum Beruf, auch mit allen Beschwernissen. Mit verschiedenen kreativen Methoden

kamen wir ins Gespräch über unsere Brennpunkte in unserer Arbeit und unsere Stärken. Wir lernten neue Sichtweisen in den Bibelgesprächen kennen, und dabei stellten wir immer wieder die Nähe zu unserem eigenen Leben fest. Schnell ist unsere Gruppe zusammen gewachsen und so wuchs auch das Vertrauen untereinander. Dieses war wichtig für all die Gespräche zwischendurch. Das Kloster Drübeck bietet ideale Rahmenbedingungen zum geistlichen Auftanken und Ruhigwerden, so war das Rundum-Paket geschnürt. Die Orientierungstage gingen mit einer von den Teilnehmern gestalteten Abendmahlsfeier, einem festlichen Abendessen und einer Einzelsegnung zu Ende – nicht ohne Tränen und den Wunsch, in Eigenregie ein Wiedersehen zu organisieren. So haben wir nicht nur aufgetankt und uns ausgerichtet, sondern wir wurden auch in diesen Tagen wieder AUFgerichtet.« Katharina W.

»Ich habe die Tage als sehr intensiv erlebt, sowohl inhaltlich als auch emotional. Ich bin dankbar für die verschiedenen Formen der kollegialen Beratung, die wir durchlebt haben, ebenso für die angebotenen Einzelgespräche. Teilweise ging es dabei, bei mir und anderen, ganz schön ans »Eingemachte«. Um nicht ganz in uns selbst zu versinken, entführte uns das Leiterteam immer wieder in die herrliche Landschaft des Harzes. Alles in allem war dieser Pilotkurs bereits eine runde Sache und es ist wünschenswert, dass zukünftig jeder Mitarbeiter unserer Kirche die Möglichkeit zur Teilnahme an einem solchen Kurs hat.« Markus S.

»Wir verbrachten 10 Tage in einer Schatzkammer. Einer Schatzkammer voller Erfahrungen, Ressourcen, Träumen. Voller Wertschätzung und Ansehen, Stille und Zuspruch, Bewegung und Aufbruch. In 20,30 Dienstjahren nahmen wir wahr: Manches wird schwerer, anderes erschließt sich neu. Kräfte verändern sich. Mich trieb in den letzten Jahren oft die Frage um: Kann meine Kirche mich noch gebrauchen, finde ich hier noch einen Platz als

Person, die sich verändert und in manchen Fragen nie so ganz in die Schablone gepasst hat? Wieder zurückgekehrt wird mir klar: Ja, wir alle haben uns verändert, aber Gottes Berufung bleibt bestehen. Unsere (sich verändernden) Gaben am passenden Ort in das Beet der Berufung zu pflanzen, bleibt die gemeinsame Aufgabe von Kirche, Gemeinden und mir selbst. Je mehr sie gelingt, desto reicher werden wir blühen.« Angelika B.

Auch diese Fortbildung wollte (und will weiterhin) Lust auf Leben – beruflich und privat – stärken und fördern. Der nächste Kurs »Orientierungstage« 2018 ist geplant. Das Pastoralkolleg und das PTI in Drübeck freuen sich auf weitere Zeiten des Auftankens und Ausrichtens mit Gemeindepädagoginnen und Gemeindepädagogen.

Ingrid Piontek ist Dozentin für Gemeindepädagogik am Pädagogisch-Theologischen Institut (PTI) der Evangelischen Kirche in Mitteldeutschland und der Evangelischen Landeskirche Anhalts

Lust auf Leben – zwischen Himmel und Erde

Auf brüchigem Boden Land gewinnen

Annelie Keil

Leben ist nur eine Idee, eine biografische Utopie und ein Unternehmen, das mit der Investitionsbereitschaft seiner Eigentümer rechnet, deren lebenslangen Arbeitsansatz erhofft und davon ausgeht, dass Menschen leben, genießen und ihre Zukunft entwerfen und gestalten wollen. Lebenslust und Lebenswille sind Geschwister. Vom Gestern lernen, heute leben, auf ein Morgen hoffen und nie mit dem Fragen aufhören, so hat Albert Einstein die Aufgabe beschrieben. Leben ist immer und für jeden Menschen eine Herausforderung, Angebot und Aufgabe zugleich, die sich nicht mit links erledigen lässt, sondern immer wieder der Lust bedarf. Als reine Pflicht verginge uns allen sehr schnell der Spaß. Lust auf Leben und darin Freude, Mut, Einsatzbereitschaft und immer wieder Geduld sind bis zum letzten Atemzug die entscheidenden Antriebskräfte, um es zwischen Siegen und Niederlagen, Leidenschaft und Leiden zu meistern.

Wir alle haben keinen Einfluss auf unsere Zeugung gehabt. Ungefragt zur Welt gekommen, muss der Mensch herausfinden, wozu das gut sein soll. Weder Familie, Geburtsjahr, Geburtsort noch soziale Lage kann er vorab aussuchen. »Friss, kleiner Vogel oder stirb«, ist die Begleitbotschaft zum Geschenk der nackten Geburt. Der Ratschlag der Philosophen »Werde, der du bist«, hilft anfangs nicht weiter und offenbart erst später seinen tiefen Sinn. Zunächst heißt es: Mach was aus dir, mit dir und anderen und lerne früh, dass es um das eigene Leben geht, das zeigen will, was in dir steckt. Wie im »Märzen der Bauer die Rösslein einspannt«, müssen wir es tun: den eigenen Boden immer wieder umgraben, neu säen, das Saatgut pflegen und auf Ernte hoffen. Das Leben ist uns nur als eine Möglichkeit ohne konkrete Gebrauchsanweisung aufgegeben, ist keine einfache Rechenaufgabe und nie eine Kopie, vielmehr bleibt es ein offenes Geheimnis, das auf Entwicklung und Entfaltung drängt.

Schon als kleine befruchtete Eizelle mischen wir uns ein und lernen, dass wir in die Puschen kommen müssen, bevor wir Füße haben. Leben rechnet mit unserer Lust, mitzumachen, zu lernen, aufmerksam wahrzunehmen, was um uns herum geschieht. Wir gestalten schon im mütterlichen Organismus den eigenen »Organismus« und kommen quasi mit einer Werkstatt zur Welt, mit deren Hilfe wir unserer Lust und unserer Absicht zu leben, Ausdruck verleihen können. Wir haben Augen, um zu sehen, aber auch um gesehen zu werden. Sehen müssen wir selbst. Wir haben Ohren, um zu hören und gehört zu werden, hören aber müssen wir selbst. Wir haben einen Mund, um zu sprechen, aber wenn wir nicht angesprochen, gehört und gesehen werden, verliert sich die Lebenslust in der Einsamkeit. Leben erscheint sinnlos, wenn wir ihm keinen Sinn verleihen können. Wir brauchen eine Welt, die etwas von uns will und der wir etwas geben können. Jede Lust auf Leben ist dialogischer Natur, ist Austausch, ist Bewegung auf etwas hin.

Alles beginnt mit der Sehnsucht, dass Leben gelingen kann, auch wenn es gleich mit einer großen Krise losgeht: die Kappung der Nabelschnur trennt uns vom bisherigen Leben und dieser große Abschied wird zur Voraussetzung für Eigenständigkeit und Autonomie, den Grundlagen dessen, was wir ein eigenes Leben nennen. Nichts bleibt, wie es ist, und von nichts kommt auch nichts. Arbeit wird zum täglichen Brot des Lebens. Wir »arbeiten« uns ins Leben hinein und setzen dies lebenslang fort, weil wir älter werden wollen. Niemand kommt als arbeitsames, kluges, erfolgreiches, liebendes, untätiges oder verzweifeltes Wesen zur Welt, sondern wird es im Kontext von Entwicklungen. Zwischen Hingabe und Abgrenzung, Lust und Frust lernen und genießen wir, essen, gehen, sprechen und spielen. Geistige, seelische und soziale Öffnung und Anstrengung sind erforderlich, um die Lust auf Leben zu spüren, ihr zu folgen, den aufrechten Gang zu üben, um in Konflikten die Ambivalenzen und Widerstände zu erkennen, sie aufzulösen oder auszuhalten. Stimmungslagen, die die Lust auf Leben und das Lebensleid umstellen, müssen erkannt, Gefühle wie Liebe, Mitgefühl, Angst oder Wut erlebt, gelernt und praktisch umgesetzt werden. Miteinander sprechen, streiten, arbeiten, Lebensräume öffnen, Talente entwickeln, für den eigenen und den Lebensunterhalt anderer aufzukommen und Verantwortung zu übernehmen, sind Fähigkeiten und Entscheidungen, die lebenslang mit Herz und Verstand erarbeitet werden müssen, damit wir auf brüchigem Boden Land gewinnen. Sichtbar in Anteilnahme und Beteiligung dienen sie in gleicher Weise der Bewährung im Außen, der inneren Reifung wie dem Versuch, sich dem Wesentlichen zu nähern.

»Wir sind Leben, das leben will, inmitten von Leben, das leben will«, lautet diese Zielvorgabe in den Worten Albert Schweitzers. Die heilsame Provokation des Lebens besteht in der Herausforderung, aus den unbekannten Möglichkeiten ein konkretes Leben zu machen und der eigenen Biografie subjektive Authentizität zu verleihen. Dieses Abenteuer endet nie und beginnt jeden Tag neu. Ob unser Lebenslauf ein lustloser Wettlauf, eine lustvolle Kletterpartie oder eine stille Pilgerfahrt wird, müssen wir selbst entdecken. Lebenslang streitet in der menschlichen Lebenslust das Erhoffte mit dem Ungewollten, das Glück mit dem Leid, der Sieg mit der Niederlage, die Gesundheit mit der Krankheit, die Absicht mit dem Zufall, die Wirkung mit der Nebenwirkung, die Ordnung mit dem Chaos, die Freiheit mit der abhängigen Eingebundenheit.

Menschliches Leben ist strukturell eine Krisenexistenz, die immer wieder zu Umbruch und Aufbruch drängt. Jede Krise ist Verlust der Balance und Veränderungsangebot zugleich, Störung einer alten Ordnung und Anstoß für eine neue Ordnung. Leben ist die Spannungsbeziehung zwischen Geburt und Tod und Lebenskrisen sind darin die Lehrmeister des Lebens. Sie zeigen uns, wann es gelingt, in der Freude zu bleiben und zeigen uns auch, wann und wie wir aus dem Rhythmus kommen und nicht einmal mehr merken, dass uns die Lebenslust abhanden gekommen ist und wir eigentlich nur noch funktionieren. Wohin ist die Lust geraten, die doch eigentlich unsere Antriebsenergie war? Ist es eher eine körperliche, seelische, geistige, soziale oder spirituelle Krise, in die wir geraten sind? Wie berühren sich die vielfältigen Dimensionen der Lebendigkeit in den Auswirkungen der Krise? Was müssen, sollen, wollen, können oder dürfen wir tun, um unsere Lebenslust zu spüren und das Feuer des Lebens zwischen Sparflamme und loderndem Feuer besser zu hüten?

Lohnt sich Leben? Bruno Bürgel berichtet in seinem Büchlein »Vom täglichen Ärger« (Reclam Bibliothek 7484), das in den 1940er Jahren erschien, von einem Engländer, der sich erhängte, weil es ihm zu dumm und zu langweilig geworden war, jeden Morgen wieder all das anzuziehen, was er am Abend vorher ausgezogen hatte. Während der letzten 45 Jahre seines Lebens, schrieb er in seinem Abschiedsbrief, habe er sich 6425 Mal an- und ausgezogen und könne keinen Sinn darin sehen, dies noch weiter fortzusetzen. Es lohne sich einfach nicht, diesen Film des Lebens weiter abzurollen, es erscheine ihm blödsinnig langweilig, auf jeden Fall ohne eine Lebensperspektive, die den Aufwand des Aus- und Anziehens lohne. Sein Vermögen vermachte der Engländer dem Asyl für alte Pferde und herrenlose Hunde. Seine Nachbarin glaubte übrigens, dass sich der Engländer umgebracht habe, weil er Junggeselle war, niemand seine Strümpfe stopfte, die Knöpfe annähte oder kochte und er niemanden hatte, über den er sich hätte ärgern können. In welche Langeweile sind wir geraten? Welche Freiheit und Experimentierfreude braucht unsere Lebenslust? Wer produziert unsere Stagnation im Zoo der Gewohnheiten? Tägliche Freiheitsberaubung im Gestrüpp von Beziehungen und verordnetem Wohlwollen? In welchem Routinefilm des Lebens spielt jeder eine Hauptrolle, welche Klagelieder übertönen alles, was sich dagegen sträubt und als Lebenserfahrung vorliegt?

Leben hat nichts versprochen, aber es hält viel, nämlich das, was wir gegen Widerstände und Hürden selbst und zusammen mit anderen gestalten.

Zum Weiterlesen:

Annelie Keil (2011): Auf brüchigem Boden Land gewinnen, Biografische Antworten auf Krankheit und Krisen. Kösel Verlag München

Annelie Keil (2014): Wenn die Organe ihr Schweigen brechen und die Seele streikt. Krankheit und Gesundheit neu denken. Scorpio Verlag München

Annelie Keil/Henning Scherf (2016): Das letzte Tabu. Über das Sterben reden und den Abschied leben lernen, Herder Verlag Freiburg

Annelie Keil (2015): Geht doch! Wie wir werden, die wir sind und nicht bleiben. Ein Lehr- und Lernfilm, DVD

www.anneliekeil.de

Prof. Dr. Annelie Keil arbeitet in den Bereichen Sozialarbeitswissenschaft, Gesundheitswissenschaften und Krankenforschung, angewandte Biographie- und Lebensweltforschung. Sie lebt in Bremen.

REGRETTING MOTHERHOOD

Sabine Habighorst

»Wenn ich das vorher gewusst hätte ...«, seufzt Lara, als die kleine Sofia im Schlafanzug zurück ins Wohnzimmer getappt kommt. Nach Vorlesen, Singen und Kuscheln war sie doch endlich eingeschlafen. Vorbei die Hoffnung auf Ruhe, um die Sitzungsvorlage für morgen fertigzustellen.

»Was, wenn Du das vorher gewusst hättest?«, fragt Laras Freundin.

»Ach, vergiss es.«

»Ne, wirklich jetzt?«

»Ich wäre nicht Mutter geworden.«

»Was, Du bereust Sofia zu haben?«

»Nein, auf keinen Fall. Ich liebe sie!
Aber manchmal wäre ich gern die
Mutter von niemandem.«

»Die Mutter von niemandem sein«, das wollten viele der Frauen, mit denen Orna Donath für ihr Buch »Regretting Motherhood«[1] Interviews geführt hat. Frauen, die erzählen, dass sie ihre Mutterschaft bereuen. Als das Buch erschien, gab es einen Aufschrei. Dass Mütter das fühlen mögen, mag für manche noch angehen. Dass sie ihrem Bedauern aber Ausdruck verleihen, ist für viele absolut ungehörig. Warum gibt es so viel Abwehr, ja Aggression, wenn Mütter sagen, dass sie ihre Mutterschaft bereuen? Man mag verstehen, dass Menschen, die sich dringend ein Kind wünschen und dennoch keines bekommen, die Vorstellung, man bereue es Mutter zu sein, undenkbar und unerträglich finden. Warum aber gibt es einen fast kollektiven gesellschaftlichen Aufschrei?

Mutterkult und Erwartungsdruck

Bei der Suche nach Ursachen stößt man auf den Pillenknick, der Mitte der sechziger Jahre des letzten Jahrhunderts der Generation der Babyboomer ein Ende bereitete. Bald darauf schon erklangen wieder Rufe nach mehr Kind pro Frau in Deutschland. Wenn die Geburtenrate am unteren Ende im internationalen Vergleich liegt, hat Frau es schwer, nicht Mutter zu werden. Dazu kommt ein Mutterkult in unserem Land mit fragwürdigem geschichtlichem Hintergrund. Nur in Deutschland gibt es den Begriff der »Rabenmutter«. Eine Rabenmutter ist eine, die keine gute Mutter ist. Zur Rabenmutter kann man ganz schnell werden, vor allem, wenn man sich klarmacht, dass jede/r ein eigenes Bild von einer »guten Mutter« hat.

Dazu ist seit der »Erfindung« der Kleinfamilie ein Kind zu haben reine Privatsache, Urteile über dessen Erziehung aber offenbar allgemeines Recht. Viele junge Mütter berichten vom Stress, den es macht, von Anfang an allen Optimierungsanforderungen gerecht zu werden. Normen und Vorgaben erschweren das »einfach Mutter sein«: Was, das Kind kann noch nicht sitzen? Was, das Kind ist nicht in einer PEKIP-Gruppe, beim Babyschwimmen oder in der musikalischen Frühförderung? Ständig stolpern junge Mütter über implizite oder explizite Anforderungen an sie selbst und ihre Mutterschaft. Unter so viel Druck mag es nicht verwundern, dass Frauen es bedauern Mutter geworden zu sein. Übrigens sagen alle, die es bedauern Mutter geworden zu sein, im gleichen Atemzug, dass sie ihr Kind bzw. ihre Kinder lieben.[2]

Eindeutigkeit und Ambivalenzen

Aber gehen wir noch einmal ganz zurück zu den möglichen Gründen für das Bedauern. Viele junge Paare, und die Frauen darin deutlich stärker als die Männer, spüren einen Rechtfertigungsdruck, wenn sie längere Zeit kinderlos leben. Haben wir sonst in allen Lebensbereichen in der Regel eine Menge an Optionen, so hat man ein Kind ein Leben lang. Keine einzige Entscheidung ist so weitreichend wie die für ein Kind.

Leisten wir uns in allen existenziellen Fragen ein »Für« und »Wider« und wissen um unsere grundsätzlichen Ambivalenzen, so werden diese bezüglich Kinderwunsch und Schwangerschaft kaum und hinsichtlich des Kinder-Habens nahezu gar nicht zugestanden. Erforderlich sind Entscheidungsräume, in denen Paaren Zeit bleibt, den widerstreitenden Impulsen Raum zu geben.

Daniel N. Stern[3] hat festgestellt, dass Schwangerschaft und Geburt die neue Organisationsachse werden, um die sich das gesamte psychische Leben der Mutter dreht. Dabei werden drei verschiedene Themenbereiche innerlich und äußerlich ausgetragen: Der Diskurs der werdenden Mutter mit ihrer eigenen Mutter, der Diskurs mit sich selbst in der neuen Rolle und der Diskurs mit dem Kind. Durch diese komplette Neuanpassung werden Unsicherheiten und Ängste entwickelt, auf die unsere Gesellschaft wenig bis keine Resonanz gibt. Laut Stern setzt unsere Gesellschaft als gegeben voraus, dass das Kind erwünscht war, dass die Mutterrolle einen sehr hohen Stellenwert hat und dass die Verantwortung für das Kind bei der Mutter liegt.[4]

In unserer Gesellschaft der Eindeutigkeit wird von der Mutter Eindeutigkeit erwartet. Sie soll das Kind lieben, und zwar ausschließlich. Darüber hinaus wird laut Stern der Mutter Verantwortung zugeschrieben in dreierlei Hinsicht: Zum einen dafür, dass das Kind wächst und gedeiht, nicht nur physisch, sondern in allen Belangen. Zum anderen hat sie die Verantwortung, auf die kindlichen Bedürfnisse optimal und sensibel zu reagieren, ihr Kind »zu lesen«. Und zum dritten muss sie sich um ein unterstützendes Netzwerk bemühen, das ihr dazu verhilft, die beiden ersten Aufgaben zu erfüllen, nämlich das Kind am Leben zu erhalten und es affektiv zu unterstützen.

☞ Nötige Diskurse

Wer könnte es nicht verstehen, dass eine junge, gut ausgebildete, vorher selbstständige und mit ihrem Beruf zufriedene Frau es bedauert, Mutter geworden zu sein, weil sie sich mit all diesen Aufgaben allein gelassen und zu einem Teil unter- und zum anderen Teil überfordert fühlt. Es muss offen darüber geredet werden, wie viel Verantwortung, Einschränkung und Hingabe ein Kind auch fordert. Es muss erlaubt sein, dass man die Entscheidung zur Mutterschaft auch bereuen kann. Auf keinen Fall sollte man hören müssen: »Du hast es ja so gewollt.« Nein, genauso war es nicht gewollt. Gern ein Kind, aber nicht, um alles aufgeben zu müssen, nicht, um mit der Aufgabe der Versorgung und Erziehung allein dazustehen, nicht, um von allen Seiten Druck zu kriegen und

Ansprüche an sich und das Kind zu spüren, nicht, um auf dem Arbeitsmarkt in die Rückkehrer-Mutter-Ecke gedrängt zu werden und erst wieder an Karriereschritte denken zu können, wenn »das Kind« das Nest wieder verlassen hat – und bis dahin in Teilzeit zu arbeiten und entsprechend wenig Rente zu bekommen.

In Studien wurde deutlich, dass vor allem eine unterstützende Umgebung, eine echte Partnerschaft mit Verantwortungs-Teilung, ausreichende materielle Ressourcen, Entlastung bei der Kinderbetreuung und die Ermöglichung persönlicher und beruflicher Freiräume für die Mütter erleichternd wirken. Mit Sicherheit hilft eine Reduzierung des Effizienzdrucks auf Familien[5] und die Reduzierung der Ansprüche der Umwelt, z.B., dass die junge Frau außer liebevoller Mutter zugleich noch erfolgreiche Karrierefrau und umwerfend sexy Geliebte sein soll.

Und selbst, wenn all dies vorhanden wäre, was hilft nun Müttern wie Lara? Eines vor allem: Verständnis. Ihr ist zu wünschen, dass sie Menschen trifft, die ihr zuhören und sie ernst nehmen. Menschen, die dabei auf keinen Fall Beschwichtigungsparolen ausstoßen wie: Wir hatten früher noch nicht mal eine Kita. Oder: Freu dich doch, die Zeit geht so schnell vorbei. Lara braucht für ihr Leben mit Kind tragfähige Rahmenbedingungen, Entlastung von permanenter Betreuung, Anteil am beruflichen Leben, persönliche Freiräume und Beratungsangebote zu allen Fragen der Mutterschaft, Elternschaft und Erziehung. Die Entscheidung für ein Kind bringt ein Maß an Verantwortung mit sich, die danach ruft, geteilt zu werden. Zum anderen gilt es für die Gesellschaft zu realisieren, dass die Begleitung eines kleinen Menschen in das große Leben hinein eine Aufgabe und eine Verpflichtung ist, die das ganze Gemeinwesen fordert.

1   Donath, Orna, #regretting motherhood.
    Wenn Mütter bereuen, München 2016.

2   Beispiele dafür auch bei: Fischer, Sarah, Die Mutter Glück Lüge.
    Regretting Motherhood – Warum ich lieber Vater geworden wäre,
    München 2016

3   Stern, Daniel, Die Mutterschaftskonstellation, Stuttgart 1998

4   90 % der Mütter mit Kindern zwischen ein und drei Jahren haben
    keinen Vollzeitjob. Bei 51 % der Paare mit Kleinkindern geht die
    Mutter gar nicht mehr arbeiten. Trotz des Vaterseins arbeiten 83 %
    der Väter nach der Geburt eines Kindes regulär weiter. Zahlen des
    Statistischen Bundesamtes, in: DIE ZEIT vom 9. März 2017, S. 20

5   Wie Eva Illouz ihn beschrieben hat. Illouz, Eva, Cold Intimacies:
    The Making of Emotional Capitalism, Cambridge 2007

Pfarrerin Sabine Habighorst ist Direktorin des Evangelischen Zentralinstituts für Familienberatung in Berlin.

Zufrieden im Arbeitsleben?

Ergebnisse einer Untersuchung zur Arbeitszufriedenheit
von Mitarbeitenden im Verkündigungsdienst
im Bereich der Evangelisch-Lutherischen Landeskirche Sachsens (EVLKS)

Tobias Petzoldt

Kirchliche Dienste

*Es traf sich aber, dass ein Pfarrer die Straße hinab zog,
den Kopf gefüllt mit allerlei Amtlichem.
Den Blick verantwortlich gerichtet auf Grundsätzliches,
ging er vorüber.*

*Desgleichen auch ein Jugendreferent, die Sinne scharf
für Thema, Team und Tagesthesen.
Zwischen Meeting, Mentoring und Missionsevent war kaum Raum
für einen Rundumblick.*

*Ebenso kam ein Gemeindepädagoge an die Stelle. Angestellt zur Hälfte
und verantwortlich für drei Gemeinden, sieben Orte und vielerlei Kreise,
konnten da keine Augen sein für Anderes.*

*Am Rande aber blieb links liegen der Nächste.
Er passte nicht in Amt, Struktur und Kalender.*   *(nach Lk 10, 30 ff.)*

**Gemeindepädagogen:
Nicht wunschlos glücklich**

Gemeindepädagoginnen und -pädagogen in Sachsen sind mit ihrer Arbeit überwiegend zufrieden. Allerdings sind sie signifikant unzufriedener als Pfarrerinnen und Pfarrer. Das ist das Ergebnis einer vergleichenden Untersuchung zur Arbeitszufriedenheit von kirchlichen Mitarbeitenden im Verkündigungsdienst im Bereich der EVLKS. Auf die Frage nach der gegenwärtigen Zufriedenheit mit der Arbeitssituation liegen die Antworten der Gemeindepädagogen (GP ab) auf einer Skala von 1 (»unzufrieden«) über 3 (»teils/teils«) bis 5 (»zufrieden«) bei einem Mittelwert von 3,43, also

zwischen »teils/teils« und »überwiegend zufrieden«. Bei den befragten Kirchenmusikern (KM) liegt der Mittelwert mit 3,44 höher, die Arbeitszufriedenheit der Pfarrer (PFR) wird von diesen mit 3,78 bewertet. Überregionale gemeindepädagogische Handlungsfelder werden offenbar am positivsten wahrgenommen: Jugendwarte und -mitarbeitende (JW) und Bezirkskatecheten (BK) geben mit 3,82 bzw. 4,0 die höchsten Werte bei der Frage nach der Arbeitszufriedenheit an.

Die Motivation für den Dienst ist gemäß den Antworten der Befragten in allen Berufsfeldern seit dem Dienstbeginn zwischen »Motivation zu Dienstbeginn« und »gegenwärtiger Motivation für meinen Dienst« gesunken.

Hohe intrinsische Motivationslage

GP schätzen stärker als PFR und KM an ihrer Arbeit, dass sie von ihnen überwiegend selbständig geplant werden kann. Zudem geben die meisten befragten GP an, dass sie ihr Wissen und Können umfassend in die Tätigkeit einbringen können, dass diese Tätigkeit abwechslungsreich und die Schnittmenge zwischen persönlichen Gaben und dienstlichen Aufgaben hoch sei. 67 % aller befragten GP finden mindestens einige Male in der Woche, in ihrer Arbeit genau richtig zu sein, bei JW finden das sogar 83 % der Befragten. Etwa 66 % der befragten GP haben den Eindruck, die an sie gestellten dienstlichen Erwartungen, erfüllen zu können.

Alle Berufsgruppen zeigen hohe Identifikations- und Commitment-Werte mit der Organisation Kirche. 91 % aller Befragten kirchlichen Mitarbeitenden im Verkündigungsdienst geben an, dass ihre Motivation »meist« oder »sehr« aus dem Glauben kommt, 52 % erleben gar in ihrem Dienstalltag Momente, bei denen sie »geistlich auftanken« können. Nur 16 % trennen »meist« oder »sehr« den Dienst und das eigene Glaubensleben. Das lässt einen engen Zusammenhang zwischen Beruf und Lebenseinstellung erahnen. Am häufigsten wird das Glaubensleben beim Bibellesen (74 %), bei Stille und Meditation (57 %) sowie beim Wandern/Pilgern u.ä. (48 %) gepflegt, 44 % können in ihrer Dienstgemeinde »geistlich auftanken«. Die besondere Motivation für den Dienst in der Kirche wird auch bei der Frage nach ehrenamtlichem Engagement im kirchlichen Raum neben der Arbeit deutlich: Von 269 Befragten geben 42 % an, dass sie das selbst von sich erwarten.

Strukturen entscheiden

Die Arbeitszufriedenheit hängt eng mit dem strukturellen Schwerpunkt der Tätigkeit zusammen. Es ist festzustellen, dass die Arbeitszufriedenheit bei Mitarbeitenden, die in mehreren Gemeinden agieren, gegenüber Mitarbeitenden, die in einer Gemeinde arbeiten, geringer ist. Zufriedener sind in allen Berufsgruppen dagegen die Mitarbeitenden auf Kirchenbezirksebene und insbesondere auf Landesebene.

Bei der Frage nach dem Anstellungsumfang gegenüber dem realen Aufwand geben die drei miteinander verglichenen Berufsgruppen eine Tendenz zu »unzureichend« an. Am deutlichsten sind die Wahrnehmungsunterschiede zwischen Menschen, die weniger als 50 % angestellt sind und in mehreren Gemeinden arbeiten gegenüber Vollzeit-Mitarbeitenden auf Kirchenbezirksebene. Alle Befragten nehmen eine »unausgesprochene Erwartung der Gemeinde« hinsichtlich ehrenamtlichen Engagements, also unbezahlter Mehrarbeit wahr.

Etwas weniger als die Hälfte der Befragten (45 %) erteilen in einer staatlichen Schule Religionsunterricht. Die Motivation ist dafür sehr unterschiedlich: 39 % der GM erleben dies als eine schöne Abwechslung im Dienstalltag, aber nur 9 % der PFR. Der Gruppe der PFR fällt es darum deutlich schwerer als den GM, sich dafür zu motivieren.

Berufliche Entwicklungsmöglichkeiten

50 % der befragten auf Gemeindeebene tätigen GM und 62 % der auf Kirchenbezirksebene agierenden JW schätzen ihre beruflichen Entwicklungsmöglichkeiten negativ ein, nur 15 % (GP) bzw. 21 % (JM) erleben diese als gut.

Vielleicht ist das ein Grund, warum die Bereitschaft zum Stellenwechsel gering ausgeprägt ist:

Nahezu 70 % der Befragten aller Berufsgruppen wollen in den nächsten drei Jahren die gegenwärtige Tätigkeit in gleicher Weise fortführen oder eine ähnliche Tätigkeit in einer ähnlichen Struktur ausüben. Dabei wird die Unterstützung für ausgewählte Fort- und Weiterbildungen durch die Arbeitgeberin Kirche von etwa 60 % der GP und JM als gut erlebt.

Beruf, Familie, Kinder

Neben den dienstlichen gibt es weitere Aspekte, die Mitarbeitenden wichtig sind und zu einer ganzheitlichen Zufriedenheit beitragen können. Im Rahmen der Befragung wurde auch um solche Angaben gebeten; die Befragten (N=251) sollten deren Wichtigkeit zwischen 1 (»unwichtig«) und 5 (»wichtig«) bewerten. Das Ergebnis zeigt, dass z.B. die soziale und geistliche Verortung für kirchliche Mitarbeitende im Verkündigungsdienst mit 4,87 bzw. mit 4,71 als am wichtigsten bewertet wurde. Dagegen scheint das berufliche Fortkommen (M=3,15) und die gesellschaftliche Anerkennung des Berufes (M=3,46) den meisten Befragten weniger wichtig zu sein. Im Vergleich der Berufsgruppen fällt auf, dass die pädagogischen Berufe, insbesondere JW, aber auch GP die Balance zwischen Beruf und Familie offenbar besser austarieren können als vergleichsweise PFR und KM.

Ein größerer Unterschied in der globalen Arbeitszufriedenheit zwischen Mitarbeitenden mit Kindern und Mitarbeitenden ohne Kinder ist nicht feststellbar. Dagegen sind verheiratete oder anderweitig mit Partnerin/Partner zusammenlebende Mitarbeitende signifikant arbeitszufriedener als allein lebende Mitarbeitende.

Zwischenruf

Arbeitspsychologische Forschungen stellen Korrelationen zwischen Beruf und Persönlichkeit her. Dieser bezieht sich einerseits auf die Wahl von Stellen bezüglich Struktur und Aufgabenprofil und andererseits auf das Erleben von Zufriedenheit. Individuelle Persönlichkeitsmerkmale tragen unabhängig von strukturellen Faktoren zur (Un-) Zufriedenheit bei. Es ist darum möglich, dass »lebenszufriedene« Menschen ihre Tätigkeiten auch in unterschiedlichen Settings grundsätzlich positiver erleben als grundsätzlich unzufriedenere Menschen.

Resümee

Neben PFR und KM sind auch GM grundsätzlich für Ihren Dienst motiviert, können Ihre Gaben und Fähigkeiten umfassend in den Dienstalltag einbringen, erleben Selbstwirksamkeit und häufig Freude an ihrem Dienst. Allerdings sind Sie mit den Strukturen, in denen diese Arbeit stattfindet, nicht immer zufrieden. Vor allem die Anstellungsbedingungen und die Gegebenheiten vor Ort (z.B. Büroinfrastruktur, Mobilitätsunterstützung) werden unterschiedlich wahrgenommen und sind häufig Ursachen für Unzufriedenheit.

Zudem lassen sich aus der Studie u.a. Diskussionsbeiträge für eine stärkere Interessenorientierung bei Mitarbeitenden (Bsp. Religionsunterricht), aktive Personalentwicklung durch die Arbeitgeberin, bessere Kommunikation bzw. Veränderung von Anstellungsunterschieden zwischen Berufsgruppen sowie die Pflege der intrinsischen Motivationfaktoren zur Steigerung der Zufriedenheit ableiten. Es wurde deutlich, dass beim Anstellungsumfang künftig mehr Zeit für Organisationsaufgaben und für Unvorhergesehenes eingeplant werden sollte. Schließlich stehen Mitarbeitende in kirchlichen Diensten mit ihrem ganzen Sein für Glauben und Kirche im Blickpunkt – ein Ablauf wie oben nach Lk 10 beschrieben wäre weder jesusgemäß noch werbewirksam für das System Kirche.

Tobias Petzoldt ist Dozent für Evangelische Bildungsarbeit mit Jugendlichen und Leiter am Institut für Berufsbegleitende Studien der Evangelischen Hochschule Moritzburg

Wohnschule in Köln

Gemeinschaftsprojekt der Melanchthon-Akademie in Köln und des
Evangelischen Erwachsenenbildungswerks Nordrhein in Düsseldorf

Karin Nell und Joachim Ziefle

Wie wollen wir wohnen, wenn wir älter sind?

**Was kommt mit dem demografischen
und gesellschaftlichen Wandel auf unsere
Nachbarschaften und auf unser Gemeinwesen zu?**

**Wer versorgt uns, wenn wir gebrechlich
oder pflegebedürftig werden?**

Kann man sich auf das Alter vorbereiten?

**Welche Wohnformen für Ältere gibt es überhaupt
und welche Wohnform passt zu mir?**

Welches Wohnmodell kann ich mir leisten?

Habe ich alles, was ich brauche?

Brauche ich alles, was ich habe?

Immer mehr Menschen – und ganz besonders die Mitglieder der neuen Altersgenerationen – machen sich Gedanken über ihre Wohnsituation im Alter. Sie suchen gezielt nach Informationen und wollen genau wissen, wie man Vorsorge für das Leben im Alter treffen kann. Sie interessiert, wie man eine Altenwohngemeinschaft gründet, ein Generationen-Wohnprojekt startet und finanziert und wie man ein Quartiers- oder Nachbarschaftsprojekt auf den Weg bringt. Spätestens wenn die alten Eltern betreut oder gepflegt werden, die Partner sterben oder Freunde ins Pflegeheim umziehen, geraten auch die Schattenseiten des Alters in den Blick. Oft geht es dann um die Angst vor dem Verlust der eigenen Unabhängigkeit, um Angst vor Altersarmut und um die Sorge, im Alter auf fremde Hilfe angewiesen zu sein. Mit Bestürzung wird festgestellt, wie schnell soziale Netze Löcher bekommen und persönliche (Handlungs-)Spielräume eingeschränkt werden können. Frust und Lust liegen bei dem Thema »Wohnen im Alter« oft dicht beieinander. Immer mehr ältere Frauen und Männer – aber auch zunehmend junge Menschen – machen sich mit großem Engagement für Veränderungen und Experimente mit neuen Wohn- und Lebensformen stark. Fast alle verbindet das zentrale Anliegen, den Sozialraum als Gemeinschaftsraum der Generationen, Kulturen und Milieus (wieder) zu entdecken und neu zu beleben.

Wer wissen möchte, wie er im Alter wohnen will, kommt um die Frage »Wie will und werde ich im Alter leben?« nicht herum. Patentlösungen gibt es nicht. Eine vertiefende Auseinandersetzung mit den eigenen Wünschen und Vorstellungen ist ratsam. Die Gründer der Wohnschule empfehlen, nicht nur die eigene Zukunft in den Blick zu nehmen, sondern auch zu fragen: Was kommt mit meinem Älterwerden auf meine Familie, meine Nachbarschaft und mein Wohnumfeld zu? Wer rechtzeitig plant, kann beizeiten Weichen stellen. Denn: Es müssen Entscheidungen getroffen werden. Wer will, dass sich etwas ändert, muss aktiv werden.

Wohnen lernen und aktiv werden

Die Melanchthon-Akademie und das Ev. Erwachsenenbildungswerk Nordrhein haben schon früh auf das wachsende Interesse am Thema Wohnen reagiert und entsprechende Bildungsprogramme konzipiert. Zunächst galt es, die Lücke im Angebotsspektrum zu erkennen und zu schließen. Bereits in der Startphase der Wohnschule wurde deutlich, dass viele Bildungseinrichtungen, die Wohnungswirtschaft, private Anbieter, soziale Einrichtungen und vor allem Wohngruppen ein breitgefächertes Angebot zum Thema »Wohnen im Alter« vorhalten: Informationsveranstaltungen über Wohnprojekte, Broschüren, Beratung, Projekt- und Konfliktmanagement für Wohngruppen usw. Für eine intensive, individuelle Vorbereitung und eine vertiefende Auseinandersetzung mit dem Thema – das wie kein anderes Thema existenzielle Lebensfragen berührt – gibt es dagegen vergleichsweise wenig (Bildungs-)Angebote.

Irgendwann stand die Frage »Muss man Wohnen lernen?« im Raum. Sie wurde mit einem klaren »Ja!« beantwortet und führte ohne Umweg zur Gründung der Wohnschule. Der Begriff »Wohnschu-

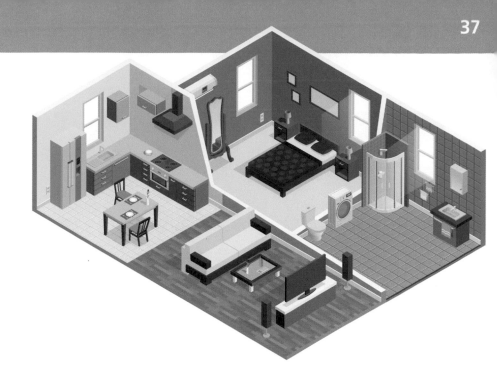

le«, der zunächst als Arbeitstitel verwendet wurde, hat sich inzwischen als Bezeichnung für ein vielfältiges und wachsendes Bildungsangebot rund um das hochkomplexe und vielschichtige Themenfeld »Wohnen und Leben im Alter« herauskristallisiert. Das Spektrum reicht von Kreativ-Workshops über Exkursionen zu Modellprojekten bis hin zu Fachtagungen und Multiplikatorenfortbildungen. In allen Programmen geht es um die Sensibilisierung für die Herausforderungen des demografischen und gesellschaftlichen Wandels, um die Aktivierung der Teilnehmenden, den Aufbau von Netzwerken und vor allem um die Förderung von Selbsthilfe und Selbstorganisation. In jedem Jahr kommen neue Formate hinzu. Das Besondere an der Wohnschule: Die Angebote werden – wo immer möglich – gemeinsam mit den Teilnehmenden weiterentwickelt und erprobt.

Wichtig für den Erfolg der Wohnschule ist die konsequente Ausrichtung am Handlungskonzept von Keywork4.[1] Keywork steht für: Partizipation, ein Miteinander auf Augenhöhe, einen neuen Profi-Laien-Mix, Prozessorientierung, Projektarbeit, die Entwicklung neuer Verantwortungsrollen für freiwillige und für hauptamtliche Kräfte, Experimente mit neuen Lernformen, eine transdisziplinäre Zusammenarbeit, die Entdeckung neuer Lernorte und den Aufbau neuer Kooperationsformen. Im Laufe der Jahre sind in der Wohnschule und im Umfeld der Wohnschule viele Bausteine für die Auseinandersetzung mit den Fragen zum Wohnen und Leben im Alter entstanden. Projektideen und Konzepte werden über die Netzwerke der Erwachsenenbildung, der Wohlfahrtsverbände und der Freiwilligenarbeit weitergegeben und in vernetzten Strukturen umgesetzt und weiterentwickelt. Hierzu gehören u.a. das Programm »Erfahrungswissen für Initiativen zum Wohnen und Leben im Alter (EFI Wohnen)«, der »Kulturführerschein Wohnen« und die Fortbildung »Keywork im Quartier«. Besonders nachgefragt sind Einstiegsseminare (z.B. »Wie will ich wohnen, wenn ich älter bin?«; »Die Kunst, alleine zu wohnen«; »Wohnbiografie«), Workshops für Wohngruppen, Kreativ- und Ideenwerkstätten, Exkursionen zu Wohnprojekten und Ausstellungsbesuche.

Ressourcen erkennen und bereitstellen

Die Erfahrungen zeigen, dass Gemeinden und diakonische Einrichtungen über die Angebote der Wohnschule neue Zielgruppen ansprechen und gewinnen können – vorausgesetzt, dass sie bereit sind, sich ernsthaft auf die Erwartungen und die Befindlichkeiten der selbstbewussten und »eigensinnigen« neuen Altersgenerationen einzulassen. Kirchengemeinden, evangelische Erwachsenen- und Familienbildungswerke sowie ambulante und stationäre diakonische Einrichtungen haben der Wohnschule viel zu bieten: Räume für das Miteinander von Generationen, Kulturen und Milieus, qualifiziertes Personal für die Begleitung von Nachbarschafts- und Wohnprojekten, moderne Pflege-, Betreuungs- und Fortbildungskonzepte, Seelsorge und Spiritualität und vor allem: Erfahrung mit der Beantwortung der vielen Fragen hinter den Fragen.

1 Keywork4 – Ein Konzept zur Förderung von Partizipation und Selbstorganisation in der Kultur-, Bildungs- und Sozialarbeit, hrsg. von Reinhold Knopp/Karin Nell, Bielefeld 2014.

Karin Nell ist Diplom-Pädagogin am Ev. Zentrum für Quartiersentwicklung im Evangelischen Erwachsenenbildungswerk Nordrhein, Düsseldorf.

Joachim Ziefle ist Stellvertretender Leiter der Melanchthon-Akademie Köln.

Lust auf Vielfalt

Vom anstrengenden Leben unter Menschen mit anderen Lebensentwürfen

Katharina Schneider

Es ist anstrengend, unter Menschen mit anderen Lebensentwürfen zu leben. Eine Möglichkeit, damit umzugehen, ist Toleranz. Tolerant zu sein, bedeutet zu respektieren, dass unterschiedliche Lebenswege und Erfahrungen in unterschiedliche Lebensentwürfe münden, und über unliebsame Einzelheiten großzügig hinwegzusehen. Allerdings ist Toleranz nicht krisenfest. In Krisenzeiten gibt es die Tendenz, sich abzuschotten, einzuigeln und auf das vermeintlich Eigene zurückzubesinnen, als ob sich das Eigene aus einem Leben in Vielfalt picken ließe wie eine Rosine aus dem Kuchen.

Wie aus Toleranz in Krisen aber auch Lust auf Vielfalt entstehen kann, und wie kirchliche Mitarbeiter das befördern können, möchte ich an einem Beispiel zeigen. Es spielt weit weg, was hoffen lässt, dass die Distanz und unsere Nicht-Betroffenheit es leichter machen, genau hinzuschauen.

Auf dem Atoll Pohn im Osten des Inselstaats Papua-Neuguinea leben etwa 1200 Menschen, hauptsächlich vom Fischfang und Gartenbau. Geld verdienen sie durch Fischhandel oder als Besitzer kleiner Läden in der Provinz-

stadt. Alle Atollbewohner gehören einem der acht traditionellen Clans an. Seit 1905 ist Pohn katholisch. Ich habe dort 2004/05 während einer ethnologischen Feldstudie gelebt. Im Frühjahr 2005 löste der Tod eines Kindes eine Krise aus, in der die Vielfalt der Lebensentwürfe auf Pohn, die im Alltag kaum erkennbar war, plötzlich hervortrat.

Das Kind, Jane, war sieben Jahre alt und starb an Verbrennungen. Ein Kopratrockner, in dem Kokosnusshülsen vor der Verarbeitung zu Kokosöl und Seife getrocknet wurden, war eines Nachts überhitzt und hatte das Haus ihrer Familie in Brand gesetzt. Die Mutter war in der Stadt. Der Vater brachte zwei der Kinder in Sicherheit. Von der dritten, Jane, dachte er, sie schliefe bei der Großmutter. Aber Jane war abends doch nach Hause gekommen. Schon brennend rettete sie sich aus dem einstürzenden Haus.

Nachbarn organisierten ein Boot, das sie zur Krankenstation auf der Nachbarinsel bringen sollte. Sie starb unterwegs. Wie üblich werteten die Pohns diesen Tod als Zeichen für »krumme« Beziehungen unter den Lebenden, für Fehlverhal-

ten von Clanmitgliedern, für Streit oder den Einsatz eines tödlichen Zaubers aus Neid. In jedem Fall musste die Ursache eines Todesfalls erkannt und benannt werden. Erst dann – üblicherweise zehn Tage nach dem Tod – konnte das Totenfest stattfinden, mit dem die Geister der Toten ins Jenseits verabschiedet wurden.

Was also hatte Janes Tod verursacht? Einige behaupteten, dass sie überlebt hätte, wenn sie direkt auf Pohn hätte behandelt werden können. Dazu muss man wissen, dass zwei Jahre zuvor dem Atoll eine Krankenstation zugesprochen worden war, die aber nur einen Monat später in Flammen aufgegangen war – aus ungeklärten Gründen, die einige mit politischen Rangeleien in Verbindung brachten. Andere setzten bei dem Kopratrockner an. Nur die Weißen seien durch die Kokosnussplantagen in ihren Kolonien reich geworden, aber die Insulaner seien arm geblieben. Deshalb gebe es keine guten Schulen in der Gegend, auch nicht nach der Unabhängigkeit. Die Menschen blieben dumm – dumm genug, um einen Kopratrockner so dicht an Häuser zu bauen, dass Kinder verbrannten. Ein alter Mann deutete an, die Geister früherer Kopra-Toter, vielleicht die zwangsrekrutierten Plantagenarbeiter aus dem 19. Jahrhundert, hätten Jane getötet, um nicht vergessen zu werden.

Seine Schwägerin Anna hielt das für Unsinn. Sie vermutete Machtkämpfe zwischen den Clans hinter Janes Tod. Janes Clan sei der erste gewesen, der Pohn besiedelt hätte. Später zugezogene Clans hätten ihn aber durch Zauberei dezimiert. Ein verbündeter Clan hätte ihnen Schutz angeboten und im Gegenzug ihr Land übernommen. Das sei lange her. Janes Tod zeige nun, dass der Schutz nicht mehr wirke. Jemand hintertreibe die alte Ordnung der Clans. Aber wer? Auf einer Versammlung stellte das Oberhaupt des »Beschützer-Clans« genau diese Frage an Janes Verwandte. Sie blieben stumm. Später erfuhr ich, weshalb. Sie vermuteten, dass ihr »Beschützer« durch arrogantes Verhalten ihre Ahnen verärgert hatte und Janes Tod die Aufforderung der Ahnen gewesen sei, ihn loszuwerden. Aber als sie die Ahnen per Feueropfer um eine Bestätigung baten, verweigerten die den Kontakt. Stattdessen erfuhr ihr »Beschützer« von der Aktion und drohte, das Totenfest zu boykottieren.

Die Leiterin der örtlichen Grundschule wetterte unterdessen, es sei gefährlich, wenn Eltern nicht wüssten, wo ihre Kinder nachts seien. Auch dass Kinder durch die Arbeit in den Kopraplantagen in ihrer Freizeit selbst für ihr Schulgeld aufkommen müssten, sei inakzeptabel. Nur deshalb sei der Kopratrockner, der Jane getötet habe, überhaupt in Betrieb gewesen. Anna, ihre Nachbarin, hielt dagegen, es sei Teil der Insel-Kultur, dass Kinder die Zuwendung vieler Verwandter erfahren dürften. Und wenn alle solche Kontrollfreaks wie die Schulleiterin wären, wäre es aus mit den Freuden des Insellebens.

Kurz: Alle beschuldigten einander und beklagten die Situation als Ganze. Wie sollte man all das bis zu Janes Totenfest »begradigen«?

Am siebten Tag nach dem Tod schickten einige Frauen eine Nachricht in die Hauptstadt, an einen der Priester aus Pohn: »Komm schnell, Deine Verwandten brauchen Dich.« Zwei Tage später war Pater James da, klein, dick und unscheinbar. Er ließ sich von Verwandten zu alten Schulfreunden und deren Ver-

wandten, von Haus zu Haus und Clan zu Clan weiterreichen und zum Tee oder Essen einladen. Nur an den Gesichtern der Frauen, die leise auf ihn einredeten, sah man, dass er arbeitete. Abends ließ er sich eine Windlampe in die Kirche bringen, um dort zu beten. Gegen vier weckte er Chor und Gitarristen, um die Musik für die Messe abzusprechen. Um neun platzte die Kirche schier von der Anspannung der letzten Tage. Der Chor sang die Totenhymne »Mutter Maria, du kennst unsere Sorgen«. Pater James predigte barfuß, kurz und konventionell: Die Tote sei jetzt bei Gott. Gott habe Jane gerufen, und sie sei gekommen, fügte er fast drohend hinzu. Die Pohns folgten der Messe ruhig und nachdenklich. Mit den Friedensgrüßen knackte das Eis, und mit der Lieblingshymne der Pohns, die Pater James für den Auszug gewählt hatte, brach es. »Wir denunzieren einander, und ihm macht das nichts aus. Das ist etwas Großes«, flüsterte Anna links von mir. »Er ist nahe bei Gott«, antwortete jemand von rechts. Vor der Kirche hielt Pater James den Vater von Jane an den Schultern, der zitterte. Irgendwann hörte das Zittern auf. Der Vater stieg auf einen Stuhl und verkündete, das Totenfest werde um drei Uhr beginnen. Pater James fuhr zurück in die Stadt.

Der erste Redner auf dem Totenfest fasste zusammen: »Wir haben alle versucht zu begradigen, was krumm ist. Jeder hat über das Bisschen gesprochen, von dem er etwas versteht, Alte und Junge, Clanoberhäupter und Lehrerinnen, mit und ohne Schulbildung oder Lebenserfahrung. Nun wissen wir alle ein bisschen mehr. Aber Pater James hat uns daran erinnert, dass keiner hier alles weiß. Seid nicht stur. Enschuldigt Euch jetzt bei denen, mit denen ihr über Jane gestritten habt. Dann wird sie Ruhe finden.« Über das Durcheinander, das folgte, erhob sich Annas Stimme. Sie beglückwünschte die Schulleiterin zu der Sturheit, mit der sie eine so offensichtlich falsche Position vertreten hatte. Genau so sollten Atollfrauen sein, stur eben. Alle klatschten. Und Zungen wie Messer sollten sie haben, fügte die Schulleiterin hinzu, was wäre das Leben ohne sie? Wieder Klatschen. Gemeinsam adressierten die beiden Janes Geist: »Unser Kind, Du gehst zu früh, aber Du gehst zu Gott, also geh, wir bleiben hier, es ist in Ordnung, alles wie immer.«

Was war passiert? Was sich im Alltag kaum merklich gerieben hatte, war in den Diskussionen um Janes Tod aufeinander geprallt. Dabei hatten sich unerwartet Risse aufgetan, zwischen Eltern und Kindern, Clans und Nachbarn. Aber nun hatten die Pohns ihren Willen bekräftigt, gemeinsam weiterzuleben, in aller Vielfalt. Was sie verbinde, so Pater James' Hinweis, sei menschliche Unvollkommenheit. Anna meinte, auf Pohn sage man dazu Sturheit. Wenn man sich darauf einige, könne es weitergehen.

Wenn man sich Pater James' Anteil an dem glücklichen Ausgang anschaut, fallen vier Momente auf, die auch auf andere Krisen, in denen Vielfalt hervortritt, übertragbar sind. Erstens nutzte er den enormen Vertrauensvorschuss der Kirche als Institution und erhielt ihn so: Er kam sofort. Zweitens hörte er alle und aß völlig entspannt mit allen, die ihn einluden. Wer zusammen isst, vetraut sich, nicht nur auf Pohn. Drittens gab es Transparenz. Pater James verarbeitete die gesammelten Informationen in Gebeten, für alle sicht- und hörbar. Viertens und vor allem bot er ihnen eine Erklärung, die jenseits ihres persönlichen und gemeinsamen Erfahrungshorizonts lag. Schlau wies er alle gleichzeitig und niemanden im Besonderen auf die Beschränktheit *aller* Perspektiven hin, und verschwand dann schleunigst, um es ihnen zu überlassen, was sie daraus machen wollten. Gegen den Vorschlag, nun in Demut zu verharren, wehrte sich Anna. Sie sprach von Sturheit. Spass musste sein, auch und gerade im Umgang mit Vielfalt.

Dr. Katharina Schneider ist Studienleiterin für Gender und Diversität (Pilot-Projekt Leben in Vielfalt) beim Amt für Kirchliche Dienste in der Evangelische Kirche Berlin-Brandenburg-schlesische Oberlausitz.

KOPFSTAND:

Anders leben und wirtschaften

Impulse aus der Gemeinwohl-Ökonomie

Christine Ursel

Was kann ich tun? – 10 Schritte gegen die Ohnmacht
(von Christian Felber)

Das Gefühl der Ohnmacht und Resignation sind bereits ein Sieg der Mächtigen. Wenn sich niemand für die Veränderung der gesellschaftlichen Verhältnisse einsetzen würde, hätten sich die gesellschaftlichen Verhältnisse nie geändert.

Es kommt auf Sie an!

Sie allein werden die Welt nicht verändern. Aber Sie sind nicht allein. Es genügt, dass Sie die Welt in ihrem persönlichen Wirkungskreis verändern – und darauf vertrauen, dass andere das auch tun. Alle persönlichen Wirkungskreise zusammen ergeben die ganze Welt. Wenn alle die, die nichts zur Besserung der Welt beitragen, weil sie glauben, dass das ohnehin nichts bewirken würde, sich engagierten, dann hätten wir schon morgen eine andere Welt.

Setzen Sie sich kleine Ziele – auch die größte Reise beginnt mit dem ersten Schritt.

Hier sind zehn Schritte, die jeder Mensch tun kann:
(Details zu den 10 Schritten unter: http://www.christian-felber.at /artikel/pdf/Was_kann_ich_tun.pdf)

➤ **Offensein, Hinschauen, Verbundensein, Spüren**
➤ **Kritischer Medienkonsum**
➤ **Diskutieren Sie**
➤ **Verändern Sie ihr Konsumverhalten**
➤ **Organisieren Sie sich**
➤ **Aktiv werden**
➤ **Zu globalen Gipfeltreffen fahren**
➤ **Selbst neue Möglichkeiten entwickeln**
➤ **Verbündete suchen**
➤ **Neue Gesellschaft.**

Manchmal hat man den Eindruck, die Welt steht Kopf, und man muss einen Kopfstand machen, um die eigene Sicht auf die Welt wieder auf die Füße zu stellen.

Einen beeindruckenden Kopfstand auf dem Podium hat Christian Felber bei einer Veranstaltung der Diakonie Bayern gemacht. »Ist eine andere Welt möglich? Gemeinwohl-Ökonomie auf dem Prüfstand« war der Fachtag überschrieben, zu dem sich 160 Menschen aus Kirche, Diakonie, Gesellschaft und Politik getroffen haben. Ort des Geschehens war das Bayerische Heimatministerium, das in Räumen einer ehemaligen Bank angesiedelt ist. Kann es einen interessanteren Ort geben, um über alternative Wirtschaftsformen nachzudenken? (http://www.diakonie-bayern.de/fileadmin/user_upload/Fachtag_Gemeinwohl_%C3%96konomie_K8.pdf)

Christian Felber, Buchautor und Hauptinitiator der Gemeinwohlökonomie, ist ein feuriger Impulsgeber, den scheinbar unveränderbaren Gegebenheiten attraktive und sinnvolle Alternativ-Konzepte entgegenzusetzen, deren Basis völlig anders ist – Kopfstände eben. Der 44-jährige hat Romanischer Philologie/ Spanisch (Hauptfach) und Politikwissenschaft – Psychologie – Soziologie (Nebenfach) in Wien und Madrid studiert. Er ist Tänzer – Kontakt-Improvisation seine Art des Ausdrucks, wo tänzerisch Vertrauen, gegenseitige Toleranz und

Achtsamkeit die Basis sind. Diese Werte bringt er auch in sein gesellschaftliches Engagement ein. Seit 2010 ist er Initiator der Gemeinwohl-Ökonomie und aktuell im Internationalen Koordinationsteam. Es wurde ein Projekt Bank für Gemeinwohl gegründet, aktuell ist er im Aufsichtsrat der Genossenschaft tätig. Er schreibt und spricht und wirbt mit seiner Person für alternative Wirtschaftsformen und eine ökologische Spiritualität. Es gibt inzwischen viele Menschen, die sich international mit diesen Fragen beschäftigen und sich engagieren. Ihm ist es ein Anliegen, dass die Ideen konkret werden und andere infizieren, nach dem Möglichen Ausschau zu halten und Alternativen zu probieren. (http://www.christian-felber.at/cv.php)

Gemeinwohl-Ökonomie zielt darauf, den wirtschaftlichen Erfolg eines Unternehmens nicht am finanziellen Ertrag zu messen, sondern auch am Beitrag des Unternehmens für die Gesellschaft. Eine Gemeinwohl-Bilanz wird erstellt, die diesen Beitrag für das Gemeinwohl sichtbar macht. Mit Herzogsägmühle hat ein großer Träger in der Bayerischen Diakonie bereits eine solche Gemeinwohl-Bilanz erstellt – aufgrund der Initiative von Vorstand Wilfried Knorr. Aber auch z.B. die Sparda-Bank München mit ihrem Vorstandsvorsitzenden Helmut Lind engagiert sich seit 2011 als Pionierunternehmen in der Gemeinwohl-Ökonomie. (https://www.ecogood.org/de/, https://www.gemeinwohl-oekonomie.org)

GEMEINWOHL-MATRIX 5.0

GEMEINWOHL ÖKONOMIE Ein Wirtschaftsmodell mit Zukunft

WERT / BERÜHRUNGSGRUPPE	MENSCHENWÜRDE	SOLIDARITÄT UND GERECHTIGKEIT	ÖKOLOGISCHE NACHHALTIGKEIT	TRANSPARENZ UND MITENTSCHEIDUNG
A: LIEFERANT*INNEN	**A1** Menschenwürde in der Zulieferkette	**A2** Solidarität und Gerechtigkeit in der Zulieferkette	**A3** Ökologische Nachhaltigkeit in der Zulieferkette	**A4** Transparenz und Mitentscheidung in der Zulieferkette
B: EIGENTÜMER*INNEN & FINANZPARTNER*INNEN	**B1** Ethische Haltung im Umgang mit Geldmitteln	**B2** Soziale Haltung im Umgang mit Geldmitteln	**B3** Sozial-ökologische Investitionen und Mittelverwendung	**B4** Eigentum und Mitentscheidung
C: MITARBEITENDE	**C1** Menschenwürde am Arbeitsplatz	**C2** Ausgestaltung der Arbeitsverträge	**C3** Förderung des ökologischen Verhaltens der Mitarbeitenden	**C4** Innerbetriebliche Mitentscheidung und Transparenz
D: KUND*INNEN & MITUNTERNEHMEN	**D1** Ethische Kund*innenbeziehungen	**D2** Kooperation und Solidarität mit Mitunternehmen	**D3** Ökologische Auswirkung durch Nutzung und Entsorgung von Produkten und Dienstleistungen	**D4** Kund*innen-Mitwirkung und Produkttransparenz
E: GESELLSCHAFTLICHES UMFELD	**E1** Sinn und gesellschaftliche Wirkung der Produkte und Dienstleistungen	**E2** Beitrag zum Gemeinwesen	**E3** Reduktion ökologischer Auswirkungen	**E4** Transparenz und gesellschaftliche Mitentscheidung

Die Gemeinwohl-Matrix – oder: Was zählt in der Gemeinwohl-Ökonomie?

»Unser Kopf ist rund, damit das Denken die Richtung wechseln kann.«
(Francis Picabia)

Was sucht Gemeinwohl-Ökonomie in einem Heft über »Lust auf Leben«? Leben zu entwerfen ist nicht nur ein individueller, sondern immer auch ein gesellschaftlicher Prozess. Es braucht immer wieder frische und erneuernde Impulse, um die Lust auf Leben zu erhalten und zu fördern. Dazu ist auch ein Blick auf Optionen hilfreich, die viele gar nicht für möglich halten – zur Erweiterung der Möglichkeiten. Es gibt viele Menschen, Initiativen und Konzepte, die Alternativen entwickeln und ins Leben bringen. Oft sind es einzelne Personen, die etwas in Bewegung setzen, die sich einfach was trauen, die etwas Anderes machen oder etwas anders machen. Sie sind Modelle und leben Modelle, die uns anregen, selbst auch aktiv zu werden. Solche Modelle ermöglichen mir, mich zu orientieren und zu positionieren. Sie können zu Wegweisern und Wegbegleitern wer-

den, gehen muss ich selbst. Und dabei ist es hilfreich, nicht allein zu agieren, sondern sich mit anderen zusammenzuschließen. Das verhindert ein Verpuffen von Energie, stabilisiert und motiviert.

Ein Kopfstand eröffnet neue Perspektiven – in der Gemeindepädagogik sind wir im Namen dessen unterwegs, der geltende Werte auf den Kopf gestellt hat. Jesus ist ein Vorbild, gegebene Situationen nicht einfach hinzunehmen, sondern zu hinterfragen, zu reflektieren und gegebenenfalls alternativ zu handeln. Und zu solchen Kopfständen sind wir alle in der Lage, unabhängig davon, wie sportlich wir sind und ob wir auf einem Podium vor Publikum stehen oder nicht! Wir können den eigenen Kopf nutzen, um neue Ideen unter die Füße zu bekommen und damit ins Leben zu bringen.

Und: Es wäre mal interessant, die eigene gemeindepädagogische Arbeit nicht nur monetär als »Defizitgenerator« zu bemessen, sondern Schritte in Richtung einer Gemeinwohlbilanz zu gehen, die die Beiträge der Arbeit für die Gesellschaft deutlicher macht. Die Werte in der Gemeinwohl-Matrix »Menschenwürde, Solidarität, Ökologische Nachhaltig-

keit, Soziale Gerechtigkeit, Demokratische Mitbestimmung/Transparenz« lassen sich leicht in gemeindepädagogischer Arbeit sichtbar machen. Bei den »Berührungsgruppen« braucht es vielleicht etwas Phantasie, die wirtschaftliche Sprache, z.B. von Lieferanten, Kunden und Produkten im gemeindepädagogischen Kontext zu konkretisieren. Für manche mag dies erst mal einem Kopfstand gleich kommen. Die Chance wäre, die Wirkungen von gemeindepädagogischer Arbeit gemeinsam ressourcenorientiert zu reflektieren. Zusätzlich könnte dies auch in der Kommunikation nach innen und außen die Bedeutsamkeit unterstreichen und zu mehr eigener und fremder Aufmerksamkeit führen. Einen Versuch ist es alle mal wert. Und wann wagen Sie den Kopfstand?

Christine Ursel ist Fortbildungsreferentin im Diakonischen Werk Bayern – Diakonie.Kolleg.

500 Jahre nach Luther ist an der Reformationskirche in Berlin-Moabit ein Modellprojekt entstanden, in welchem Kirche in Kontinuität und Abgrenzung zur Tradition neu gedacht und gelebt wird. Im Auftrag der EKBO und des Kirchenkreises Berlin-Stadtmitte belebt der Konvent an der Reformationskirche seit 2011 den lange leerstehenden Campus der Reformationskirche neu. Mit der Übergabe der Gebäude an den Trägerverein REFORMATIONS-Campus e.V. ist ein neuartiges Projekt gestartet: In einem Stadtteil mit einem hohen geistlichen Bedarf wird ein aufgegebener kirchlicher Standort ohne Finanzierung von Personalstellen, Betriebskosten und Baulasten durch kirchliche Gelder, eigenständig und eigenverantwortlich innerhalb der Landeskirche revitalisiert.

Der *Konvent an der Reformationskirche* ist eine Gemeinschaft von Menschen, die gemeinsam Christus nachfolgen, ihr Leben teilen und ein Herz für Moabit haben. So wie Luther nach seinem inneren Auftrag und Gottes Eingebung das Zusammenleben der Menschen reformieren wollte, versteht sich auch die Refo als christlich-soziales Zukunftslabor. Wir leben in Moabit in einem von sozialer und kultureller Vielfalt sowie aktuell von sozialem Wandel geprägten Stadtteil. Mit Gottvertrauen und Engagement arbeitet der Konvent mit daran, in genau diesem Kontext eine partizipatorische, interreligiöse und interkulturelle Stadtteilgemeinschaft zu prägen.

Ein wichtiger Teilbereich dieser Aktivitäten sind seit Jahren die Kunst- und Kreativaktionen, die in vielfältiger Form den Gedanken einer neuen Gemeinschaft und kommunikativen Öffnung in den Stadtraum transportieren.

Kunstprojekte am Refo Konvent in Moabit

Teil 3

Burkhard Oelmann

Die beiden vorhergehenden Teile sind in den Ausgaben 1-2017 und 2-2017 der PGP zu finden und können als Einzelhefte unter www.eva-leipzig.de bestellt werden.

HOFFNUNG HINAUSTRAGEN

Begegnungen mit Menschen im Kiez

> Das Format richtet sich an Menschen, die in der Nähe eines Kirchen- bzw. Gemeindestandortes leben und arbeiten. Sie können mit der Aktion auf spielerisch-kreative Weise erreicht werden.

Die Kunstaktion *Hoffnung* hinaustragen der Kulturwissenschaftlerin und Playing Artist Annette Plaz fand im Sommer 2015 statt. Schon seit geraumer Zeit sind in der Reformationskirche auf drei Emporen die Wörter *Glaube, Liebe, Hoffnung* – gebildet aus großen Styroporbuchstaben, zu sehen. Plaz' Idee war es nun, daraus die Hoffnung auszuwählen und buchstäblich in den Kiez hinauszutragen.

Die Buchstaben wurden in die Beusselstraße, die an der Reformationskirche liegt, getragen. In der von Imbissen, Dönerbuden, Shishaläden und Spätis geprägten, nicht besonders schicken, dafür aber sehr lebendigen, multikulturell geprägten Straße herrscht ein rauer Charme und reges Verkehrsaufkommen.

Mit den Hoffnungs-Styroporbuchstaben im Gepäck ergab sich meist schnell eine lockere Atmosphäre und ein Gespräch mit den Menschen vor Ort. Der Begriff Hoffnung ist kulturell- und religionsübergreifend positiv besetzt und daher sehr gut geeignet für ein niedrigschwelliges, einladendes Zugehen auf andere. Auf diese Weise sind einige wunderbare Begegnungen und fotografische Motive entstanden. (Abb. 1, 2, 3 und 4)

Einigen Mitwirkenden oder Beobachtern kam gleich ein sehr persönlicher Bezug zum Hoffnungsthema in den Sinn. Da war die Frau, die erst vor kurzem einen Laden eröffnet hatte und hofft, dass bald viele Kunden kommen. Oder ein britischer Kriegsveteran, der seit zwei Wochen mit Gehwägelchen unterwegs war und seine Hoffnung äußerte, bald wieder ohne diesen durch die Beusselstraße zu laufen. (Abb. 5) Ab und an wurde der Schriftzug einfach quer auf dem Gehweg oder am Rand einer Kreuzung ausgelegt. (Abb. 6 und 7) Die Menschen stutzten, hielten kurz an. Eine kurze Irritation im Alltäglichen.

Die hektische Großstadt lässt uns oft abstumpfen und blind werden für die positiven Dinge im Leben. Desillusionierung stellt sich ein, Pläne werden aufgegeben, der Glaube an das gute Leben schwindet. Die künstlerische Intervention im Stadtraum lässt Hoffnung als durchaus eigensinniges Prinzip erscheinen. Hoffnung, die unvermittelt da ist, sich dem täglichen Trott in den Weg stellt, plötzlich aufmerken und innehalten lässt.

Die Verkündigung von Hoffnung ist eine soziale Aufgabe, die alle einschließt, gerade auch die gesellschaftlichen Minderheiten, die Entwurzelten, die Schwachen und Gestrauchelten. Ein aktuell sehr populäres Sprichwort lautet: »Sei der Wandel, den du in der Welt sehen willst.« Denn »viel mehr als Ideen braucht die Welt von heute Bilder und Verwirklichungen. Eine Idee, die nicht von einer sichtbaren Wirklichkeit getragen ist, würde kein Verständnis finden; sie würde zur Ideologie«. (Regel von Taizé)

Die Kunst- und Kreativaktionen versteht der Konvent an der Reformationskirche als Zeichen gelebten Glaubens und wichtige Wegmarken in Richtung einer gemeinschaftsorientierten Zukunft. Die Weggemeinschaft mit GOTT lässt uns hoffen.

www.burkhard-oelmann.de

Styropor
Zum Ausschneiden der Buchstaben:
Styroporschneider (z.B. Styropor-
schneider 20 W Proxxon
Micromot Thermocut 230/E)
https://oannette.wordpress.com

Fotos: Hanna Faisst, Tobias Horrer, Annette Plaz

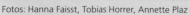

Burkhard Oclmann ist Kunsthistoriker, Maler und Fotograf in Berlin. Als Autodidakt ist er den Schritt hin zur künstlerischen Praxis gegangen und auf den Gebieten der Malerei, Fotografie und Objektkunst tätig. Konzeption und Gestaltung performativer Ereignisse im Kunstkontext und darüber hinaus. Kollaboration mit der Performerin und Choreographin Rike Flämig.

Nur wer die Sehnsucht kennt, weiß, was ich leide!

Uwe Hahn

Egal, wie man es nennt, eine Sehnsucht trägt ein jeder in sich. Sechs Jahre arbeiten und im siebenten Jahr Ruhe. Ein Sabbatjahr einlegen! Ein ganzes Jahr Sonntag, ein ganzes Jahr Ruhe. Aber was ist das für eine Ruhe? Eine Stille, in der man abschalten und sich ganz auf sich konzentrieren wird? Eine aktive Phase, in der man seine Speicher mit neuen Informationen und Kompetenzen füllen kann? Ein Freiraum, in dem man Zeit für Familie oder Angehörige findet? Eine Unruhe, in der man sich nach der täglichen Arbeit sehnt?

In Gesprächen von kirchlichen Mitarbeitenden über Auszeiten fällt schon mal der Seufzer: »Ach, das wäre schon mal schön.« Doch der pragmatische Denker erstickt dieses kleine Seufzen: Was wird die Familie dazu sagen? Man braucht mich doch. Wie soll ich das finanzieren? Diese Liste lässt sich beliebig erweitern.

Wenn es zu einer Auszeit kommt, dann liegen sehr unterschiedliche Gründe vor, die zwischen der Lust auf Neues und der bitteren Notwendigkeit, etwas gegen das Ausbrennen zu unternehmen, angesiedelt sind. Deshalb ist es notwendig Möglichkeiten zu schaffen, diesen Bedürfnissen zu entsprechen, damit es eine gute Balance zwischen Arbeit und Erholung gibt. Letztlich ist es die freie Entscheidung der Mitarbeitenden, von diesen Möglichkeiten Gebrauch zu machen.

Welche Möglichkeiten gibt es denn? Da fallen die Begriffe: Teilzeitarbeit, Sabbatjahr, Zeitwertkonto, Bildungsurlaub, Kontaktstudium, Lebensarbeitszeitkonten oder Freistellung vom Arbeitsverhältnis. Welche dieser Formen in den jeweiligen Landeskirchen und für welche Berufsgruppen möglich sind, das ist sehr unterschiedlich. In den meisten Fällen gibt es keine Regelungen. Die Interessierten müssen in vielen Fällen auf Gehalt verzichten und manchmal auch Vertretung organisieren. Die Chancen, die aus einer Auszeit für eine Institution erwachsen, werden von Arbeitgeberseite nur bedingt gesehen.

Eine Umfrage unter Gemeindepädagoginnen und Gemeindepädagogen erbrachte folgendes Ergebnis. Befragt wurden die Mitarbeitenden, ob sie in den nächsten fünf Jahren, zehn Jahren oder zu einem späteren Zeitpunkt ein Teilzeitmodell, ein Sabbatjahr, ein Zeitwertkonto, einen Bildungsurlaub, ein Langzeitkonto oder ein ruhendes Arbeitsverhältnis in Anspruch nehmen möchten. Die überwiegende Mehrheit möchte spätestens in fünf Jahren eine dieser Möglichkeiten nutzen. Dabei ist der klare Favorit der Bildungsurlaub/das Kontaktstudium. Diese Aussage und die Form der Auszeit ist eine klare Botschaft an die Arbeitgeber.

Die zitierte Umfrage war nicht verbindlich. Es war eine Absichtserklärung.

Allein die Sehnsucht macht noch keine Auszeit. Wer eine Sehnsucht in sich trägt und zur Sehnsucht das Wörtchen aber stellt, leidet vielleicht noch nicht genug.

Nur wer die Sehnsucht kennt, weiß, was ich leide! Lässt Goethe Mignon in Wilhelm Meisters Lehrjahre sagen. Dabei geht es nicht um Auszeiten, Überlastungen, Ausbrennen; es geht um die Liebe. Einige Zeilen später sagt Philine, und das ist vielleicht auf die beiden Pole des Berufslebens übertragbar:

»Darum an dem langen Tage
Merke dir es, liebe Brust:
Jeder Tag hat seine Plage,
Und die Nacht hat ihre Lust.«

Uwe Hahn ist Bezirkskatechet im Evangelisch-lutherischen Kirchenbezirk Leipzig und Redakteur bei der Praxis Gemeindepädagogik.

Jedes Jahr erstrahlen viele Kirchen am Erntedankfest in buntem Schmuck: Feldfrüchte, Getreide und Obst in Hülle und Fülle, Brot, aber auch andere Produkte wie Mehl, Honig, Säfte und Wein werden im Altarraum aufgestellt. Sie machen uns bewusst, dass der Ernteertrag nicht alleine in der Hand des Menschen liegt, sondern von vielem abhängt, was wir nicht beeinflussen können. Wir danken für Gottes Güte, der uns mit Vielem beschenkt, was uns satt macht, nährt und unser Leben bereichert. Nach dem Gottesdienst, der oft als Familiengottesdienst gefeiert wird, setzt man vielerorts die Gemeinschaft mit einem Suppenimbiss fort. Erntegaben werden an karitative Einrichtungen verteilt.

Welche Veranstaltungsformen sind darüber hinaus noch in der Ernte-Dank-Zeit möglich?

Lust auf Ernte-Dank-Zeit

Verschiedene Veranstaltungsideen rund um Ernte-Dank

Petra Müller

Ernte-Dank-Zeit: Idee 1

Viele Gemeindehäuser verfügen über geräumige und gut ausgestattete Küchen. Gemeinsam zu kochen und zu essen ist ein Gemeinschaftserlebnis. Es schafft Raum für Begegnung, Gespräch und Austausch. Warum nicht einmal eine KOCHRUNDE organisieren?

**KOCHRUNDE »Ernte-Dank-Zeit«:
Herbstlich, saisonal, regional**
Im Vorfeld findet sich ein KOCHRUNDEN-Team, das die Veranstaltungsreihe plant, die Öffentlichkeitsarbeit in Gang bringt (auch an außerkirchlichen Orten in der Umgebung), die Rezepte für die einzelnen Abende zusammenstellt und die Veranstaltung, mit allem, was dazugehört, durchführt. Oft bildet sich das Team aus Männern und Frauen in der Lebensmitte.

Dreiteilige Veranstaltungsreihe im Zeitraum zwischen Mitte September und Mitte Oktober, jeweils von 18.00–21.30 Uhr.

Die drei KOCHRUNDEN-Abende können auch einzeln besucht werden.

Jede KOCHRUNDE steht unter einem eigenen Thema herbstlicher, saisonaler und regionaler Gerichte.

Kosten: 8,00–10,00 €.

Festgelegte Teilnehmerzahl, verbindliche Anmeldungen. Über das Kochen kommen Menschen unterschiedlichen Alters zusammen. Es ist ein niedrigschwelliges Angebot, dass auch Menschen erreicht, die sonst nicht oder selten am kirchlichen Leben teilnehmen. Es bietet die Möglichkeit, Kontakte zu knüpfen und Menschen kennenzulernen. Die Erfahrung zeigt, dass solche Veranstaltungsformate gerne auch von Männern besucht werden. Es ist eine projektbezogene Veranstaltung, die keine längerfristige Bindung nach sich zieht. Gleiches gilt auch für die Einzelnen des KOCHRUNDEN-Teams, die sich nur für einen bestimmten Zeitraum engagieren. Wer mit den KOCHRUNDEN schon im September startet, kann den Erntedankgottesdienst einbeziehen. Die Oktobertermine sollte man auf die Herbstferien abstimmen. →

Ernte-Dank-Zeit: Idee 2

In Kirchengemeinden, in denen es einen hohen Anteil an älteren Menschen gibt, könnte man in der Ernte-Dank-Zeit einen offenen Mittagstisch anbieten. Bei Gesprächen, insbesondere mit alleinstehenden älteren Menschen, taucht immer wieder das Thema »Mittagessen« auf. Einkaufen, Gemüse putzen, Fleisch schneiden, kochen und dann allein essen zu müssen, bereitet vielen keine Freude mehr. »Für mich alleine rentiert sich das nicht«, sagen viele. Warum also nicht einmal für einen zeitlich begrenzten Zeitraum das Gemeindehaus öffnen und einen offenen Mittagstisch anbieten?

Offener Mittagstisch »Ernte-Dank-Zeit«

Das Küchenteam kann man aus Männern und Frauen im 3. Lebensalter zusammenstellen, die sich für einen befristeten Zeitraum sozialdiakonisch engagieren wollen. Für die Mitarbeit bei diesem Projekt kann man im Gemeindebrief, in den regionalen Zeitungen und in den örtlichen Verteilblättchen werben. Ich kenne Kirchengemeinden, die darüber hinaus auch noch Gemeindeglieder im Alter zwischen 65 und 70 Jahren angeschrieben haben.

Nachdem die Zusagen, bei dem Projekt mitarbeiten zu wollen, eingegangen sind, trifft sich das Kochteam zu einem ersten Vorbereitungstreffen, um sich kennenzulernen und um erste Details des Projektes zu klären.

Der »offene Mittagstisch« wird von Ende September bis Ende Oktober wöchentlich einmal angeboten, z.B. am Donnerstag von 12.00–14.00 Uhr.

Das Team legt die Gerichte fest und wählt eine Tageschefin oder einen Tageschef.

Der Mittagstisch bietet frisches, selbstgekochtes, herbstliches, saisonales und regionales Essen an.

Man kann gedruckte Handzettel mit den Daten und Tagesgerichten in Briefkästen verteilen.

Der Pressereferent des Kirchenkreises kann für eine zeitnahe Öffentlichkeitsarbeit sorgen.

Jeder Mittagstisch wird mit einem »Gedanken zum Tag« eröffnet.

Anmelden muss man sich nicht. So sind auch Kurzentschlossene willkommen. Für die Küche bedeutet das aber Flexibilität.

Der Mittagstisch wird kostenfrei angeboten oder zu einem Symbolpreis von 2 Euro. Ein Spendenkörbchen kann am Ausgang bereitstehen.

Ernte-Dank-Zeit: Idee 3

Die Ernte-Dank-Zeit eignet sich auch für einen Seminartag, eine Ernte-Dank-Zeit. Man hält inne, legt sein Augenmerk auf das, was einem geschenkt wurde, was Früchte trägt und was nährt. Mit Blick auf die Tag- und Nachtgleiche am 23. September lässt sich auch fragen, was einen in Balance hält.

Seminartag »Ernte-Dank-Zeit«

Der Seminartag findet am letzten Samstag im September von 10-16 Uhr statt.

Es werden Impulse zum eigenen Nachdenken gegeben.

Es gibt Zeiten des Austausches in Kleingruppen.

Mittags gibt es ein herbstliches, saisonales Mitbringbuffet – Hinweis dazu im Einladungsflyer.

Vertiefung in einer kreativen Umsetzungsphase.

Abschlussritual, in dem Dank und Fülle Platz haben und ein »innerer Ernte-Dank-Korb« gepackt wird.

Man kann davon ausgehen, dass ein Großteil derjenigen, die den Seminartag »Ernte-Dank-Zeit« besuchen, Frauen sein werden. Es kann sich lohnen, den Seminartag in Kooperation mit anderen durchzuführen, um einen breiteren Teilnehmendenkreis anzusprechen. Der Veranstaltungsort kann außerhalb des Gemeindehauses liegen.

Petra Müller ist Diplompädagogin für Theologie und Erwachsenenbildung und arbeitet als Referentin in der Fachstelle Alter der Nordkirche.

APP AND AWAY

Reformation 2.0

Mit dem Smartphone auf den Spuren Luthers

Karsten Müller

Bei der Smartphone-Rallye Reformation 2.0 handelt es sich um ein medienpädagogisches Projekt, das mit Hilfe des mobilen Lernens und neuer Medien versucht, reformatorische Erkenntnisse auf Grundlage ausgewählter biografischer Stationen Luthers verständlich werden zu lassen. Diese interaktive digitale Schnitzeljagd ist dabei auf spielerische Partizipation angelegt: Die Teilnehmenden können, indem sie an den Reformator anknüpfen, sich selbst mit ihren Gedanken und Vorschlägen für eine Kirche von morgen einbringen.

Während das Smartphone oft in schulischen und kirchlichen Kontexten als störend empfunden wird, soll dessen Benutzung hier bewusst ermöglicht werden. Dabei ändert sich auch die Rolle der pädagogisch handelnden Fachkräfte (Gemeinde- oder Schulpädagoginnen, Pfarrerinnen). Bei Reformation 2.0 – mit dem Smartphone auf den Spuren Luthers stehen Hard- und Software bereits zur Verfügung. Das Lernen der Teilnehmenden geschieht nahezu unabhängig von einer Anleitung durch Pädagogen: selbstständig, kooperativ und im eigenen Tempo.

Es ist davon auszugehen, dass teilnehmende Jugendliche oder Erwachsene ein Smartphone besitzen, die App ist frei verfügbar. Der Name der verwendeten App ist Programm: Actionbound verpflichtet sich der Aktion, ist nichts für Stubenhocker, sondern setzt auf Bewegung, führt automatisch zum eigenen Handeln. Dieses Mobile Game zielt darauf, den eigenen Sozialraum zu erkunden. Mobile Games sind Smartphone-Spiele, die den Spielenden aufgrund der integrierten Geodaten-Funktion (GPS) ermöglichen, sich in ihrer unmittelbaren Umgebung zu orientieren. Diese technischen Voraussetzungen bieten die Chance für eine Schnitzeljagd, bei der alle notwendigen Informationen auf dem Display erscheinen, so dass

die Spielenden von Station zu Station geführt werden. Zusätzlich zur bloßen Orientierung bietet die App aber auch informierende Texte, Veranschaulichendes und Aufgaben an. So ist es möglich, einen digital vorbereiteten Parcours ablaufen zu lassen, in deren Verlauf die Teilnehmenden eigene Texte, Bilder, Filme, Audio-Aufnahmen etc. eingeben, so dass sich ihre Rolle vom bloßen Konsumenten hin zum Produzenten wandelt (Prosumer). Der besondere Charme der Anwendung besteht darin, dass durch die vorbereiteten Texte für die Lernenden ein narrativer Rahmen entsteht, sie also gewissermaßen auf eine erzählerische Reise mitgenommen werden.

Die Actionbound-App gibt es kostenfrei für Android-Geräte, iPhone und iPad. Auf der Homepage erklärt ein Video-Tutorial die Funktionsweise: Actionbound verlinkt auf seiner Homepage zu einem so genannten Bound-Creator, der es ermöglicht, das eigene didaktische Szenario in eine Smartphone-Schnitzeljagd zu übertragen, die verschiedene veranschaulichende multimediale Elemente bereitstellt und immer auf die kreative, produktive Beteiligung der Teilnehmenden setzt. Alle Beiträge und Ergebnisse der Teilnehmenden werden nach dem Spiel hochgeladen und können eingesehen und in die weitere Arbeit einbezogen werden.

Das Projekt Reformation 2.0

Laden Sie sich die kostenfreie App Actionbound auf Ihr Smartphone/Tablet herunter. Innerhalb der App tippen Sie auf das Suchfeld Code scannen und halten die Kamera direkt über folgenden QR-Code:

Diese Beispielstation ist nur ein Element des medienpädagogischen Projektes Reformation 2.0, das als digitale Schnitzeljagd zusammen mit Lutz Neumeier, Pfarrer der Marienstiftgemeinde Lich, entworfen wurde.

Allerdings ist es naheliegend, die Teilnehmenden selbst bei der Erstellung der Rallye zu beteiligen. Folgende Phasen können dabei unterschieden werden:

Phase 1 – Einstieg:
Leben Martin Luthers

Die Smartphone-Rallye versteht sich als Zusatzangebot zu anderen Formen der Erarbeitung des Lebenslaufes von Martin Luther und seiner reformatorischen Erkenntnisse. Um einen Überblick zu erhalten, bieten sich u.a Filme an (M1).

Durch die Impulsfrage Ist Luther ein Held? soll neben der historischen auch eine persönliche Perspektive auf den Reformator ermöglicht werden. Unterstützen kann diesen Austausch das Interview mit Dr. Peter Tauber: Mein Held Luther (M2).

Alternativ könnte auch die Frage erörtert werden, ob ein Denkmal für Luther angebracht ist (M3). Wichtig ist, dass nicht nur historische Leistungen summiert werden, sondern die Persönlichkeit des Reformators in den Blick genommen wird. Die Ergebnisse ermöglichen eine Sensibilisierung für die religiöse Dimension von Lebenserfahrungen, Entscheidungssituationen und tiefen Empfindungen.

Phase 2 – Planung:
Von der Idee zur Story

Die Schnitzeljagd beinhaltet als Gerüst verschiedene Stationen. Um diese zu ermitteln, werden nun unter Bezugnahme auf die Sammlung in Phase 1 diejenigen Ereignisse im Leben Luthers benannt, die die Teilnehmenden in besonderer Weise beeindruckt haben. Danach werden diese in Kleingruppen in einer kurzen Zeitungsmeldung zum Ausdruck gebracht (M4). Hierbei sollte betont werden, dass es um biografische Erfahrungen Luthers geht, die im Kontext seiner reformatorischen Entdeckung von Bedeutung sind. So darf die Zeitungsmeldung immer auch Luthers emotionales Innenleben beleuchten.

Phase 3 – Umsetzung:
Von der Story zur Rallye

Die in Phase 2 ermittelten Stationen können nun zu einer Smartphone-Rallye zusammengesetzt werden. Dazu registriert man sich zunächst unter www.actionbound.com. Unter diesem Zugang ist es nun möglich, dass jede Kleingruppe in einer vorher festgelegten Reihenfolge eine Station eines neuen Bounds, einer neuen Smartphone-Rallye, erstellt. Es gibt eine Vielzahl von Optionen, um die Rallye interaktiv und informativ zu gestalten. Eine leicht verständliche Anleitung ist unter www.actionbound.com/blog als Video-Tutorial abrufbar (Videotutorial:

Einen eigenen Bound basteln: https://de.actionbound.com/blog/523721677188c7f9630000fe). Leitend für die Erstellung jeder einzelnen Station sollte sein, dass nicht nur die historische Dimension der Reformation eine Rolle spielt. Jedes Lebensereignis Luthers sollte den Spielenden zusätzlich auch die Möglichkeit bieten, eigene Gedanken kreativ zum Ausdruck zu bringen.

Phase 4 – Aktion:
Vom Rechner zum Smartphone

Nach dem Veröffentlichen des Bounds kann dieser nun gespielt werden. Dazu wird auf das eigene Smartphone die App Actionbound heruntergeladen. Nach Öffnen der App kann im Suchfeld der Name der Rallye eingegeben werden. Die Teilnehmenden begeben sich nun in Kleingruppen auf die Schnitzeljagd. Zum Schluss werden alle Ergebnisse und Produkte (Foto, Film, Texte etc.) der Gruppen auf das Actionbound-Konto der Lehrkraft hochgeladen.

Phase 5 – Austausch:
Von der Aktion zur Reflektion

Dadurch, dass alle Gruppen-Ergebnisse digital verfügbar gehalten werden, können diese in der Gesamtgruppe vertiefend ins Gespräch gebracht werden. Dabei soll bei der Präsentation der einzelnen Gruppen auch der Spaß nicht zu kurz kommen. Aus religionspädagogischer Perspektive ist hier jedoch zentral, ob die Auseinandersetzung mit der Person Martin Luthers geholfen hat, dessen reformatorisches Wirken nachzuvollziehen. Darum kann zum Abschluss der Einheit noch einmal auf die Eingangsfrage Ist Luther ein Held? zurückgegriffen werden. Nun könnte jedoch stärker der Aspekt ins Zentrum rücken, inwiefern seine Haltung heute noch als vorbildlich gelten kann, wie sehr eigene Lebenserfahrungen das religiöse Suchen prägen und auf welche Fragen von heute Kirche Antworten finden sollte.

Material – auf der Webseite http://www.rpi-ekkw-ekhn.de/home/rpi-impulse/jahrgang-2016/216/ verfügbar:
- M1: Filme zu Luther
- M2: Luther, ein Held?
- M3: Ein Denkmal für Luther?
- M4: Zeitungsmeldung

Karsten Müller ist Oberstudienrat und Studienleiter am Religionspädagogischen Institut der Evangelischen Kirche von Kurhessen-Waldeck und der Evangelischen Kirche in Hessen und Nassau

Eine lange Nacht der Krippenspiele

Uwe Hahn

Am Anfang war es eine Lange Nacht. Jetzt ist es ein langer Nachmittag. Geblieben sind mindestens acht Stunden Krippenspiel. Seit zehn Jahren gibt es dieses Krippival, wechselnd zwischen den Städten Dresden, Leipzig und Chemnitz. Verantwortet wird es vom Referat Theater- und Spielpädagogik am Landesjugendpfarramt in Sachsen.

Für die Inszenierung von Krippenspielen verwenden die Gruppen in der Regel viel Zeit und Ressourcen. Aber oft gibt es nur eine Aufführung und die Möglichkeit andere Spiele am Weihnachtsabend zu sehen ist für die Spieler fast nie gegeben. Ein fachlicher Austausch über die spielerische und inhaltliche Qualität der Krippenspiele ist in den Kirchgemeinden nur begrenzt möglich. Diese Problemlage greift das Krippival auf. Mindestens 6 Spiele werden gezeigt. Zu jeder Inszenierung gibt es ein Gespräch mit dem Publikum und Fachleuten.

Bei der ersten langen Nacht hatte ich etwas Angst. Hält man das aus: sechs bis acht Krippenspiele nacheinander ansehen? Es wird doch immer das Gleiche gespielt, die Geschichte von der Geburt Jesu. Und wie man das aushält! Es ist erstaunlich, mit welcher Kreativität das Thema bearbeitet wird. Zeitgeschehen wird mit der alten Geschichte verwoben. Die Spielleiter wissen, dass Theater von Typen lebt. Der Humor kommt nicht zu kurz. Problematisch wird es nur, wenn das Spielen über die Botschaft vergessen wird. Also eine Predigt in verteilten Rollen, ohne Geschichte, ohne Spiel. Aber das kommt eher selten vor.

Die lange Nacht der Krippenspiele ist auch ein kleiner Wettbewerb, denn zwei Preise werden vergeben. Mit einem Jurypreis wird eine Gruppe bedacht mit einer originellen Spielidee und Entwicklungsmöglichkeiten als Gruppe. Der 2. Preis ist ein Publikumspreis und das Publikum ist nicht bestechlich. Aus meiner Beobachtung haben diesen Preis in den letzten Jahren Gruppen bekommen die mit Spielfreude gearbeitet haben, eine ungewöhnliche Idee umgesetzt haben und eine Botschaft hatten. Wer wissen möchte, um welche Botschaften es da geht, der sollte am 6. Januar 2018 nach Leipzig kommen.

Uwe Hahn ist Bezirkskatechet im Evangelisch-lutherischen Kirchenbezirk Leipzig und Redakteur bei der Praxis Gemeindepädagogik.

Das Referat für Theater- und Spielpädagogik am Landesjugendpfarramt in Sachsen veröffentlicht in diesem Jahr folgende Krippenspiele:

Roja Weidhas:
Maria und Josef
Maria und Josef sind fast nicht mehr zusammen. Maria als selbstbewusste, entschiedene junge Frau, die voller Vertrauen auf die durch den Engel überbrachte Verheißung Verantwortung übernimmt. Für sich, das Kind, die Familie und den Nächsten.

Cornelia von Ruthendorf:
Vier Engel für ein Halleluja
Die Engel haben den Auftrag, dafür zu Sorgen, dass mit dem noch geheimen Plan ihres Chefs alles klar geht. Und mit viel Glück versammeln sich am Ende alle Figuren um die Krippe. Ein Stück für Konfirmandengruppen – sprachlich auf der Höhe der Zeit, knapp, mit hohem Potential für szenisches Spiel und modernen Requisiten.

Matthias Zierold:
Krippenspiel Casting
Ein Casting für das beste Krippenspiel aller Zeiten – die spannende Frage bleibt, ob es tatsächlich immer origineller zugehen muss! Ein frisches, sprachlich und inhaltlich modernes Krippenspiel.

Christian Bernhard:
Die Gurkentruppe
Irgendwie ist auf der Kirchturmuhr eine Minute zu viel auf dem Zifferblatt, das ist geschenkte Zeit! Die Zeit kommt aber auch leicht durcheinander, und so begeben sich die Protagonisten auf eine interessante Zeitreise bis zur Geburt Jesu zurück.

Schmidt Ludwig und die JG Radebeul:
Der kleine König und die Liebe
Der kleine König entdeckt ein Loch in der Mauer um seinen Palast. Dadurch sieht er, wie die Menschen in seinem Reich leben und macht sich auf die Suche nach dem, was er nicht kennt – der Liebe.

www.spielleitung-sachsen.de

FAMILIENGOTTESDIENST:

»*Christrose*«

Ein Vortrag eines Geschichtsprofessors darüber, dass im frühen Mittelalter die einfachen Leute, die eine analphabetische Gemeinde bildeten, die biblische Botschaft aus Symbolen der Natur (Tiere und Pflanzen und deren speziellen Eigenarten) für sich «herausgelesen» haben, regte mich dazu an, selber solche alten Glaubenssymbole auf die gleiche Weise zu «lesen». So entstand der Gottesdienst zur Christrose.

Verlaufsplanung

Lied: EG 17,1–2 Wir sagen euch an den lieben Advent

(Kinder zünden Adventskranzkerze an.)

Begrüßung

Kanon   Mache dich auf und werde licht. Mache dich auf und werde licht. Mache dich auf und werde licht, denn dein Licht kommt

Wochenpsalm

Kyrie   EG 178.6

Kollektengebet

Lesung   Evangelium: Lukas 1, 26-33 + 38

Lied   EG 1, 1–3 Macht hoch die Tür

Verkündigung

Lied   EG 18 Seht die gute Zeit ist nah

(Kleine Kinder kommen vor und erhalten ein Glöckchen; Lied wenn nötig 2x singen)

Glaubensbekenntnis

Lied   EG 13 Tochter Zion / Kollekte

Dankopfergebet

Fürbitten und Vaterunser

Aktion Segenswusch

Den Segen Gottes wollen wir uns heute in einer besonderen Weise zusprechen. Wir haben für alle Familien/Haushalte eine Christrosenblüte vorbereitet. In diese soll ein Segenswunsch hineingeschrieben werden. Dann wird die Blüte zugefaltet. Wer das gemacht hat, bringt die Blüte nach vorn, in diese Schale. Und wenn Sie die Kirche heute verlassen, nehmen Sie sich eine Blüte mit. Zu Hause soll sie entfaltet werden.

Segen

Lied   EG 1 Strophe 5 Macht hoch die Tür

Verkündigung

Wenn wir jetzt in dieser Jahreszeit rausgehen und eine Wanderung machen, dann …
Impuls: Ihr Kinder, wie ist es denn jetzt oft draußen so?
Antworten: Kalt, regnerisch, dunkel usw.
Genau, und weil das so ist, sieht die Natur nun so aus:

Alles Grün ist weg. Nichts blüht oder wächst mehr. Die Bäume haben ihr Laub abgeworfen, zu wenig Licht und es ist zu kalt. Auch die Sträucher sind kahl und der Frost liegt über allem. Der Baum hat sich in sich zurückgezogen und scheint zu ruhen.

Hier kann man das auch noch einmal schön sehen. Manche Bäume sehen aus wie abgestorben.

Dicke Laubhaufen, alle Farben sind weg! Daran erkennt man: Es ist eben Winter.

Und so sieht es auf den Beeten aus. Die Rose hat keine Blätter mehr. Blühten schon gar nicht. Sie ist zurückgeschnitten worden. Es sieht trist aus auf meinem Spaziergang und macht gerade keine Freude, hinauszugehen. Dann lieber, wenn es schon richtig dunkel ist und Lichter leuchten.

Vielen Menschen kommen gerade jetzt auch traurige Gedanken in den Kopf. Sorgen und Kummer machen sich breit und der Glaube an Gott wird ganz klein. Gott?

Gott. So ähnlich wird es auch den Menschen in einer ganz anderen Zeit gegangen sein, lange, ganz lange, bevor Jesus auf die Welt gekommen ist. Jesaja war ihr Prophet. Ein Mann, den Gott ausgesucht hat, damit er seine Botschaft an die Menschen weitersagt. Dieser Prophet Jesaja, sieht auch ein Bild vor sich: Einen kahlen, abgesägten Baumstamm. Da ist nichts mehr zu machen. Und Gott sagt zu ihm: »Es wird ein neuer Trieb hervor gehen aus dem Stamm. Und ein Zweig aus seiner Wurzel wachsen und Frucht bringen. Auf ihm wird ruhen der Geist des Herrn, der Geist des Rates und der Stärke, der Geist der Erkenntnis und der Frucht des Herrn. (Jes 11, 1–2)

Vorhin in der Lesung aus der Bibel hörtet ihr, wie der Engel zu Maria kommt und die Geburt Jesu ankündigt. Jesus ist wie dieser neue Zweig. Neue Hoffnung, wo eigentlich nichts zu hoffen ist.

Doch jetzt wieder zu uns: Schaut mal, bei meinem Spaziergang bin ich über etwas gestolpert. Etwas ganz erstaunlichem! Da, unter einem Strauch, wo das Licht ja noch weniger hinfällt, da war etwas Grünes. Und wie unglaublich, diese grüne Pflanze trägt sogar eine Blüte. Ganz zart und weiß sieht sie hier aus. (Blumentopf mit Christrose mitbringen)

Sie blüht mitten im Winter, obwohl sie doch nur ganz wenig Licht hat. In den schönsten Farben kann man sie finden, diese Blume. Schnee und Frost können ihr gar nichts anhaben (Letztes Bild bleibt stehen). Das ist wunderbar. Ähnlich den Worten Jesajas, die wir vorhin gehört haben.

Woher nimmt diese Blume die Kraft? Das ist wie bei unserem christlichen Glauben: Hört her! Diese Pflanze hat in sich einen Saft, aus dem sie lebt und darum blüht sie unter den schlechtesten Bedingungen. Wir haben einen Glauben, eine Hoffnung, die macht uns stark. Gott ist da. Wir werden fröhlich erblühen, auch unter schwersten Umständen. Auch wenn nicht immer alles klappt und uns manchmal Unglück geschieht, ist Gott trotzdem da. Luther betete jeden Abend: »Ich danke dir, mein himmlischer Vater, dass du mich diesen Tag so gnädig behütet hast.«

Die Menschen sahen früher in dieser Blume ein Symbol für den christlichen Glauben. Und noch etwas: Diese Blume lebt »gegen den Strom der Masse«, sie macht es anders. Keine Pflanze blüht im Winter. »Du wirst erfrieren«, würden ihr

---

Gemeinsame Fürbitte mit Vaterunser

1. Unser Gott, Frieden auf Erden, das wünschen wir uns sehr. Schenke der Welt deinen Frieden. Sei bei den Menschen, die in Kriegsgebieten leben. Stärke die Verfolgten. Tröste, die Gewalt erleiden. Erfülle die Mächtigen mit deinem Geist, dass sie nicht auf Gewalt setzen, sondern den Frieden suchen. Lass sie deine Stimme hören. Wir rufen zu dir: Herr, wir warten auf dich.

2. Unser Gott, du bist zu uns wie ein Vater und eine Mutter. Hilf uns auf deine Stimme zu hören. Hilf uns, neben den vielen lauten Stimmen deine Stimme zu hören. Schenke uns deine Nähe. Stärke unser Vertrauen in dein Wort. Öffne uns Augen und Ohren und Herz. Wir rufen zu dir: Herr, wir warten auf dich.

3. Unser Gott, sei den Kindern in aller Welt nahe. Lindere die Not der Kinder, die arbeiten müssen. Steh denen bei, die auf der Straße leben. Gib ihnen Menschen zur Seite, die sich ihrer annehmen. Stärke die Kinder, denen das Lernen schwer fällt und sich überfordert fühlen. Schenke Lehrern und Eltern Weisheit, Kraft und Liebe bei der Erziehung. Wir rufen zu dir: Herr, wir warten auf dich.

Alles, was noch keine Worte gefunden hat, uns aber in unserem Herzen bewegt, wollen wir nun mit hineinnehmen in das Gebet, das uns Jesus Christus gelehrt hat.
Vaterunser …

---

die anderen Blumen sagen. Stark, wenn wir Christen auch so sein können: Wenn wir mit Jesus leben und von ihm lernen: (Beispiele – individuell anpassen)

➤ im Streit, z.B. sanftmütig und einsichtig auftreten
➤ bei Menschen um Vergebung bitten, wo wir falsch lagen
➤ die Not anderer sehen und sich um alte, einsame oder kranke Menschen kümmern
➤ private Kontakte zu Asylbewerbern aufbauen, um sie zu integrieren
➤ genügsam sind
➤ mutig sind, z.B. bei sich überschneidenden Terminen zu sagen: »Ich komme nicht dahin, ich gehe in die Kirche.« Oder beim Sprechen über den eigenen Glauben

An dieser Blume sehen wir das Anderssein sehr schön. Sie ist so ein Zeichen der Hoffnung, sie erblüht mitten im kalten Winter, anders als die anderen. Luther hat diese Rose in sein Wappen aufgenommen. Eine fünfblättrige, weiße Rose. Sie erhielt den Namen: Christrose. Amen.

Barbara Hühler ist Gemeindepädagogin in Leipzig.

LUTHERPROJEKT

in der Evangelischen Kindertagesstätte »Die Kirchenmäuse« Eisleben

Claudia Hanisch und Silke Messing

»Gott, du stellst meine Füße auf weiten Raum! (Psalm 31,9)

Unter diesem Leitsatz werden in unserer evangelischen Kindertagesstätte 52 Kinder von 7 pädagogischen Fachkräften betreut.

Seit 1945 befindet sich die Einrichtung in Trägerschaft der evangelischen Kirchengemeinden Andreas-Nicolai-Petri und Sankt Annen. 2011 feierten wir Einzug in unser neues Gebäude, welches in direkter Nachbarschaft zur 1546 auf Veranlassung Martin Luthers gegründeten Lutherschule liegt.

Die Kinder lernen in unserer KiTa die Sprache des Glaubens kennen und mit Symbolen und Bildern des Glaubens umzugehen. So werden sie befähigt, ihre Ängste, Hoffnungen und Erfahrungen selbst auszudrücken. Die Mädchen und Jungen werden unterstützt und angeregt, ihre Fragen nach dem Grund des Lebens zu stellen, Gott zu suchen und die Vielfalt der Schöpfung zu entdecken. In unserer Kindertagesstätte hat die Religionspädagogik einen hohen Stellen-

wert. In den täglichen Morgenkreisen werden in unterschiedlicher Form biblische Themen mit den Kindern besprochen. Christliche Rituale sind ebenso Bestandteil unseres Alltags.

Bildung für alle gehört zur Grundlage des Kirchen- und Glaubensverständnisses der evangelischen Kirche seit der Reformationszeit. So hinterließ Martin Luther viele Spuren in seiner Geburts- und Heimatstadt, die heute noch zu entdecken sind. Im Jahr des Reformationsjubiläums begeben wir uns gemeinsam mit den Kindern auf den Weg, um diesen Spuren zu folgen. So besuchen wir gemeinsam die Taufkirche, das Geburts- und Sterbehaus, den Schöpfungsgarten, die Mönchszellen des Sankt-Annen-Klosters, die Lutherkanzel in der Sankt Andreaskirche und natürlich das Denkmal auf dem Marktplatz. Die Lutherrosen auf den Fußwegen führen uns bei unseren Erkundungsgängen durch die Stadt zu den einzelnen Lutherstätten.

Im Rahmen des großen Reformationsjubiläums führen wir einmal monatlich eine Lutherprojektwoche durch. Immer

dabei ist unsere Martin-Luther-Handpuppe. Gemeinsam stöbern wir in der Reformationsschatzkiste, essen wie zu Luthers Zeiten, hören seine Zitate, erfahren aus seiner Kindheit und Schulzeit, lernen seine Familie kennen und begleiten ihn auf seinen Reisen. Jeder Tag ist ein Entdeckertag und langsam werden unsere Mädchen und Jungen zu kleinen Lutherexperten.

Die intensive Betrachtung der Lutherrose war Teil einer Projektwoche. Die Kinder erfuhren, dass sie als Siegel für Luthers Briefverkehr und später als Wappen der Familie entstand. Dazu entstand folgende ganzheitlich sinnorientierte Anschauung.

Legen der Lutherrose als Bodenbild

Liedvorschlag zum Abschluss:
Gottes Liebe ist so wunderbar

Claudia Hanisch und Silke Messing von der Evangelischen Kindertagesstätte »Die Kirchenmäuse«, Andreaskirchplatz 12, Lutherstadt Eisleben

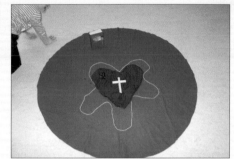

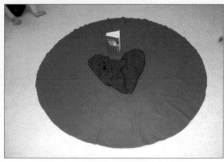

Aktion	**Handeln der Kinder**
Ein blaues, rundes, zusammengefaltetes Tuch wird in die Runde gegeben.	Vier Kinder entfalten es und legen es in der Mitte ab.
Frage: Was verbindet ihr mit der blauen Farbe?	Antworten werden gesammelt z.B. Farbe des Himmels, des Wassers, des Meeres …
Ja, unser Tuch hat die Farbe des Himmels und soll ihn heute darstellen.	
Zwei Kinder bekommen ein rotes Tuch und werden aufgefordert, ein rotes Herz in die Mitte zu legen.	
Frage: Wofür steht das Herz?	Antworten: für Leben, Liebe, Blut …
Ich möchte euch heute von einem bedeutenden Mann erzählen, von Martin Luther, der in unserer Stadt geboren wurde.	Eine kleine Playmobil-Lutherfigur wird in das Herz gestellt.
Er wollte so leben, wie es Gott gefiel, und dabei sichergehen, dass Gott ihn auch liebte.	
Martin hatte aber auch Angst vor Gott. Er lernte in der Kirche, dass Gott ein strenger Gott sei. Deshalb fühlte er sich klein und hilflos.	Die Kinder fühlen es ihm nach. Gehen in die Hocke und machen sich ganz klein.
Martin zweifelt und ist sehr traurig.	Die Kinder legen die Hände über den Kopf.
Um viel über Gott zu lernen, studierte er die Bibel und machte eine Entdeckung.	
Gott hat mich lieb, so wie ich bin.	Das Kreuz wird in das Herz gelegt.
Gott ist immer bei uns und das Zeichen dafür ist das Kreuz.	Die Kinder fühlen nach. Sie richten sich auf und atmen ganz tief ein.
Martin bekommt Mut und Kraft durch seinen Glauben.	Gemeinsam hüpfen sie vor Freude.
Wenn man sich freut und liebt, schenkt man sich Blumen. Die besondere Blume der Liebe ist die Rose.	Es wird eine Kordel als Blütenblätter um das Herz gelegt. Die entstandenen Blütenblätter können die Kinder nun mit weißen Rosenblättern auslegen.
Für Martin war noch etwas ganz wichtig.	
Die Erkenntnis, dass Gottes Liebe unendlich ist und kostbar wie Gold.	Eine goldene Kordel wird um die Rose gelegt.
Die entstandene Lutherrose liegt nun in unserer Mitte.	

MARTINSSPIEL

»Die Geschichte des Bettlers«

Mitwirkende: Herr Martin, Soldat, Bettler

Ein Bettler steht, auf eine Astgabel gestützt, auf der Bühne. Martin kommt unter Hufgetrappel durch den Mittelgang »geritten«. In beträchtlichem Abstand folgt zu Fuß ein Soldat. Immer wieder hält er an und schnappt nach Luft. Martin reitet auf die Bühne und hält beim Bettler an. Der Soldat folgt.

SOLDAT: Nicht so schnell, Herr Martin! Ihr habt ein Pferd – aber ich <u>nicht</u>!

Martin steigt ab und geht zum Bettler. Dann nimmt er seinen Mantel von den Schultern und zückt sein Schwert.

MARTIN: *zu Soldat* Hier, halt mal. *Martin zerteilt den Mantel.*

SOLDAT: Was macht Ihr da? Warum zerschneidet Ihr euren teuren Mantel?

Martin legt dem Bettler die eine und sich die andere Mantelhälfte um. Der Soldat schaut fassungslos zu.

BETTLER: Danke! Das tut gut!

MARTIN: *zu Soldat* Und du? Hast du nichts, was du mit diesem armen Mann teilen kannst?

SOLDAT: Nein, nichts. Keinen Mantel, kein Geld. Nichts.

MARTIN: Dann teil deine Zeit mit ihm. Frag ihn, warum er hier in der Kälte steht und bettelt.

SOLDAT: *geht vorsichtig näher* Du da …

BETTLER: Ich heiße Emanuel.

SOLDAT: Ja also, Emanuel, wieso bettelst du hier und arbeitest nicht – so wie ich!

BETTLER: Ich war auch einmal Soldat, Kamerad. So wie du. Aber dann bin ich vom Pferd gefallen und habe mich schlimm am Bein verletzt. Nun brauche ich eine Krücke und kann nur noch humpeln. Als Soldat war ich nicht mehr nützlich. So wurde ich aus der Armee des Kaisers entlassen. Niemand gibt mir Arbeit. Also stehe ich hier und bettle.

SOLDAT: Oh …

BETTLER: Das kann auch dir passieren, Kamerad. Sei vorsichtig beim Reiten.

SOLDAT: Ich hab ja nicht mal ein Pferd … Warte mal, Kamerad Emanuel. Ich hab doch was zum Teilen. Hier – ein Hörnchen. Noch ziemlich frisch. *zerbricht es* Eine Hälfte für dich und eine für mich. Lass es dir schmecken!

BETTLER: Danke! Ihr zwei seid gute Kameraden!

SOLDAT: Ich muss weiter. Noch vor dem Dunkelwerden müssen wir die Stadt erreichen. *zu Martin* Reitet nur voran, Herr Martin. Ich komme nach.

MARTIN: Weißt du was? Ich teile auch etwas mit <u>dir</u>. Mein Pferd.

SOLDAT: *zeigt auf Martins Schwert* Ihr wollt doch nicht etwa …

MARTIN: *lacht* Nein, nein, steig auf, wir reiten gemeinsam.

SOLDAT: *steigt auf* Aber nicht so schnell, Herr Martin. Nicht, dass ich vom Pferd falle …

Alle unter erneutem Hufgetrappel ab.

Thomas Reuter ist Bezirkskatecht in Zwickau.

Ehrenamt
MACHT GLÜCKLICH?

Was ein freiwilliges Engagement zur Lust am Leben beitragen kann
am Beispiel der Arbeit mit Kindern

Ingrid Piontek

WAS GEWINNEN EHRENAMTLICHE DURCH IHRE ARBEIT MIT KINDERN?

Ehrenamt macht glücklich – das behaupten unterschiedliche Veröffentlichungen. Wer sich für andere engagiert, lebt länger und ist zufriedener. Professor Karl-Heinz Ruckriegel, Glücksforscher an der Georg-Simon-Ohm-Hochschule in Nürnberg stellt fest: »Ein Ehrenamt hat viele Vorteile. Man beschäftigt sich mit einem Thema, arbeitet selbstbestimmt und erhält dafür Anerkennung.«[1]

Manchmal scheuen sich Hauptberufliche, Ehrenamtliche für eine Mitarbeit zu gewinnen, weil sie das Ehrenamt unter dem Aspekt der Zumutung sehen.

Der Gedanke ist nicht abwegig: Ehrenamt ist eine zeitliche Zumutung (auch wenn die Dauer von den Ehrenamtlichen selbst bestimmt werden kann). Es ist aber auch eine Er-Mutigung, sich selbst einzubringen mit seinen Gaben und Fähigkeiten. Diese Zu-Mutung hat auch mit Zutrauen zu tun. Mit diesem Zutrauen können Menschen wachsen – in ihrer Persönlichkeit und vielleicht auch in ihrem Glauben. Ehrenamtliche Mitarbeit öffnet den Raum und die Chance, bereichernde Erfahrungen zu machen.

Ehrenamt macht glücklich, meint auch Barbara Pötter, Sozialpädagogin und Coach für psychosoziale Beratung und benennt fünf Gründe dafür: Ehrenamt gibt Ausgleich, Sinn und Halt, Ehrenamt stärkt das Gemeinschaftsgefühl, Ehrenamt macht Spaß, Ehrenamt stärkt das Selbstwertgefühl und Ehrenamt stärkt die soziale Kompetenz.[2] Was heißt das konkret?

In Mühlhausen, einer Kleinstadt in der EKM, wurden Jugendliche, die sich im Alter von 13–18 Jahren ehrenamtlich in der Arbeit mit Kindern engagiert hatten, im Abstand von vier und mehr Jahren nach Beendigung ihrer Tätigkeit anonym gefragt:

Was hat dir die ehrenamtliche Mitarbeit gebracht für deine Persönlichkeitsentwicklung?

Schlaglichter aus den Antworten der zum Zeitpunkt der Befragung 18- bis 30-jährigen jungen Erwachsenen:

»Die ehrenamtliche Mitarbeit hat aus mir gemacht, was ich jetzt bin. Ich habe gelernt, auf mich und meine Fähigkeiten zu vertrauen und auch darüber hinaus zu gehen, mich selber als wertvoll zu erachten, mit schwierigen Situationen umzugehen und nicht aufzugeben. Es hat mich in meiner Berufswahl bestärkt und unterstützt.«

»Die ehrenamtliche Mitarbeit hat ganz, ganz viel gebracht für meine persönliche Entwicklung. Ich habe dadurch bedeutend mehr Selbstbewusstsein und Selbstsicherheit bekommen, bin durchsetzungsfähiger geworden und →

habe viele unterschiedliche Menschen kennengelernt und mit ihnen gelernt. Ich habe festgestellt, dass jeder einzigartig ist und jeder das Recht hat, geachtet zu werden.«

Eine weitere Frage war:
WAS HAT DIR DIE EHRENAMTLICHE MITARBEIT GEBRACHT FÜR DEINEN GLAUBEN?

Hier wurde in allen Antworten formuliert, dass die Jugendlichen durch ihre ehrenamtliche Mitarbeit »Stärkung im Glauben« bzw. »Sicherheit im Glauben« erfahren haben. Ein Nebenprodukt? Vielleicht. Vielleicht aber auch ein Ausdruck dafür, dass die Ehrenamtsbegleitung und Gewinnung Jugendlicher für die Arbeit mit Kindern eine ansprechende Form evangelischer Jugendarbeit ist. Jugendliche genießen darüber hinaus die Mitarbeitergemeinschaft bei Kinderbibeltagen und Kinderfreizeiten und die Zugehörigkeit und das macht sichtbar glücklich.

Carola Milde, ehrenamtlich tätig in Schmölln, stellt fest: »Da kommt so viel zurück, wenn ich in die leuchtenden Kinderaugen schaue!« Ehrenamt nimmt Zeit und Energie, aber Ehrenamt gibt auch: Anerkennung, Erfüllung, Gemeinschaft, Zugehörigkeit, Entwicklungsmöglichkeiten, Bestätigung. Ehrenamtlich tätig sein in der Arbeit mit Kindern bedeutet für viele Mitarbeitende einen Gewinn, eben auch Glück.

WAS BRINGT DIE AUSBILDUNG KILEICA FÜR 12- BIS 15-JÄHRIGE EHRENAMTLICHE?

Wer ehrenamtlich mitarbeitet, hat auch Anspruch auf Anleitung und Handwerkszeug für die Tätigkeit. Handwerkszeug für die Arbeit mit Kindern können Jugendliche im Alter von 12-15 Jahren in der EKM, der Evange-

lischen Landeskirche Anhalts und der Evangelisch-Lutherischen Landeskirche Sachsen durch die kileica-Ausbildung (Kindergruppen-Leiter-Card) erwerben, die vor Ort von Hauptberuflichen oder engagierten erwachsenen Ehrenamtlichen und Mitarbeitern durchgeführt wird.[3]

Auch hier steht die Frage: Zumutung und Hürde oder Gewinn? In Wernigerode (EKM) wurden 14-jährige Teilnehmerinnen an der kileica-Ausbildung gefragt, warum sie teilnehmen und was ihnen diese Ausbildung bringt[4].

»Ich nehme teil, weil es einfach schön ist, mit Kindern zu arbeiten und es macht auch Spaß mit Kindern zu spielen und denen was beizubringen.«

»Hier lernt man halt auch etwas, was man nicht nur bei Kindergruppen anwenden kann, sondern auch bei seinen eigenen Kindern vielleicht irgendwann mal.«

»Wir sind auch 'ne tolle Gruppe, finde ich und die meisten waren ja auch zusammen in der Konfi-Gruppe oder befreundet und das macht halt irgendwie Spaß, in der Freizeit Zeit zu verbringen.«

Jugendliche schätzen es, in einer tollen Gemeinschaft etwas dazu zu lernen für eine sinnstiftende Aufgabe und sie schätzen eine zugewandte Leitung.

WAS BRINGT DIE AUSBILDUNG »FIT FÜR DIE ARBEIT MIT KINDERN« ERWACHSENEN EHRENAMTLICHEN?

Diese sechsmodulige Fortbildung[5] läuft seit 2014 an den Standorten des Pädagogisch-Theologischen Instituts der Evangelischen Kirchen in Mitteldeutschland und der Evangelischen Landeskirche Anhalts in Drübeck und Neudietendorf mit verhaltenen Teilnehmerzahlen. Wer sich aber entschließt, ist meistens überrascht von dem Doppelgewinn: die Praktikabilität der Module und der Austausch der Gruppenteilnehmer.

Eine Teilnehmerin schaut nach Erhalt ihres Zertifikats zurück: »Die einzelnen Themen waren gut auf die ehrenamtliche Arbeit mit Kindern zugeschnitten, vielgestaltig und von praxiserfahrenen Dozenten vermittelt. Ich konnte viel für meine Arbeit in meiner kleinen Kindergruppe mitnehmen und inzwischen schon einiges umsetzen. Es ist für die Kinder und für mich ein absoluter Gewinn: Der ‚Zappelphilipp' kann besser verstanden und beschäftigt werden, Ablauf/Liturgie eines jeweiligen Nachmittags wurde abwechslungsreicher, das Erzählen spannender und mit den vielen selbstgebauten Instrumenten fällt selbst das Singen leichter. Neben allen theoretischen Informationen gab es den wichtigen Austausch zwischen den ehrenamtlichen Teilnehmern, das Selber-Ausprobieren und viele Informationen zu Arbeitsmitteln.«

Fortbildung trägt dazu bei, dass Ehrenamt glücklich machen kann. Auch die Sonderauswertung des dritten Freiwilligensurveys für die Evangelische Kirche resümiert, dass sich Ehrenamtliche eine bessere fachliche Unterstützung wünschen. Insofern ist dies zukünftig eine wichtige Aufgabe, die Rollenprofile von Haupt- und Ehrenamtlichen zu schärfen und so Lust auf Leben gemeinsam zu entwickeln und zu fördern.

Ingrid Piontek ist Dozentin für Gemeindepädagogik am Pädagogisch-Theologischen Institut der Evangelischen Kirchen in Mitteldeutschland und der Evangelischen Landeskirche Anhalts.

1   vgl. http://www.ruckriegel.org/papers/Interview_Frankenpost_(Ehrenamt).pdf (17.03.2017)

2   vgl. http://www.zeitzuleben.de/author/barbarapoetter/ (17.03.2017)

3   Seit 2012 gibt es die Arbeitshilfe zur kileica-Ausbildung, zu beziehen beim Pädagogisch-Theologischen Institut der Evangelischen Kirche in Mitteldeutschland und der Evangelischen Landeskirche Anhalts in Drübeck, Klostergarten 6, 38871 Drübeck, www.pti-mitteldeutschland.de, 2. Auflage 6/2017

4   Andreas Ziemer und Ingrid Piontek, Pädagogisch-Theologisches Institut der Evangelischen Kirche in Mitteldeutschland und der Evangelischen Landeskirche Anhalts: Erzählen lernren. Die Praxis der kileica-Ausbildung. Videos aus der gemeindepädagogischen Praxis in Wernigerode, Kooperationspartner Ralf Bier

5   Arbeitshilfe zum Grundkurs »Fit für die Arbeit mit Kindern« 2015, zu beziehen beim Pädagogisch-Theologischen Institut der Evangelischen Kirche in Mitteldeutschland und der Evangelischen Landeskirche Anhalts in Drübeck, Klostergarten 6, 38871 Drübeck, www.pti-mitteldeutschland.de

»Im Idealfall werde ich an der Schnittstelle von Kirche und Gesellschaft arbeiten.«

Studienerfahrungen und Berufsvorstellungen am Ende eines Studiums der Religions- und Gemeindepädagogik

Nicole Piroth

An acht Studienstandorten besteht heute die Möglichkeit, einen grundständigen Bachelorstudiengang Evangelische Religions- bzw. Gemeindepädagogik zu absolvieren, der je nach landeskirchlicher Tradition die kirchliche Berufsanerkennung als Diakon/in bzw. Gemeindepädagoge/-pädagogin ermöglicht. An fünf Standorten kann diese Qualifikation mit einem zweiten Abschluss in Sozialer Arbeit verbunden werden, der zu einer staatlichen Anerkennung als Sozialarbeiterin bzw. Sozialpädagoge führt (siehe Übersicht »Bachelorstudium Evangelische Religions- und Gemeindepädagogik«).

Welche Erfahrungen machen Studierende im Laufe eines Studiums der Religions- und Gemeindepädagogik? Wie gut fühlen sie sich durch das Studium auf eine anschließende eigenständige Berufstätigkeit vorbereitet? Welche Vorstellungen haben sie von den Arbeitsfeldern und Aufgabenbereichen in denen sie später arbeiten wollen?

Um Antworten auf diese Fragen zu geben, wurden in einer Fragebogenerhebung die Studierenden religionspädagogischer Bachelorstudiengänge zum Ende ihres Studiums befragt.[1] Insgesamt 124 Absolventen nahmen an sieben Studienstandorten an der Befragung teil (Berlin, Bochum, Freiburg, Hannover, Kassel, Ludwigsburg, Moritzburg).

Bachelor-Studium Evangelische Religions- und Gemeindepädagogik

Aktuell bieten in Deutschland acht Hochschulen einen grundständigen, d.h. in vollem Umfang berufsqualifizierenden Bachelorstudiengang Religions- bzw. Gemeindepädagogik an, davon fünf mit einer Kombinationsmöglichkeit im Studienfach Soziale Arbeit, die auch zur staatlichen Anerkennung als Sozialarbeiterin/Sozialpädagoge führt.

Additive Studiengangskonzepte »Religions-/Gemeindepädagogik« und »Soziale Arbeit«: **EFH Rheinland-Westfalen-Lippe, Bochum,** Bachelor-Studiengang »Gemeindepädagogik und Diakonie«, 6 Semester; Bachelor-Zweitstudium »Soziale Arbeit«, 2 Semester; **EH Freiburg,** Bachelor-Studiengang »Religionspädagogik/Gemeindediakonie«, 7 Semester; Bachelor-Zweitstudium »Soziale Arbeit«, 3 Semester; **EH Ludwigsburg,** Bachelor-Studiengang »Religion- und Gemeindespädagogik«; 7 Semester, Bachelor-Zweitstudium »Soziale Arbeit«, 2 Semester

Integrierte Zwei-Fächer-Studiengänge »Religionspädagogik und Soziale Arbeit«: **Hochschule Hannover,** Zwei-Fächer-Bachelor-Studiengang »Religionspädagogik und Soziale Arbeit«, 8 Semester, zzgl. 12 Monate Berufspraktikum; **CVJM Hochschule Kassel,** Bachelor-Studiengang »Religions- und Gemeindepädagogik/Soziale Arbeit«, 8 Semester

Studiengang »Religionspädagogik« mit Studienschwerpunkt »Soziale Arbeit«: **EH Moritzburg,** Bachelor-Studiengang »Religionspädagogik mit sozialarbeiterischem Profil«, 7 Semester, zzgl. 6 Monate Berufspraktikum

Studiengänge »Religionspädagogik« ohne Verbindung mit einem Studienschwerpunkt »Soziale Arbeit«: **EH Berlin,** Bachelor-Studiengang »Evangelische Religionspädagogik«, 7 Semester; **EH Nürnberg,** Bachelor-Studiengang »Religionspädagogik und Kirchliche Bildungsarbeit«, 8 Semester

Studienerfahrungen: »Im Besonderen haben mich die Menschen geprägt.«

Alles in allem zeigen sich die Studierenden zufrieden mit ihrem Studium. Auf die offene Eingangsfrage, was sie in ihrem Studium als besonders prägend erlebt haben, werden überwiegend positive Beispiele genannt. Besonders häufig werden dabei die positiven Beziehungen zu Mitstudierenden und Dozierenden benannt (siehe auch Grafik 1). Begünstigt durch relativ kleine Jahrgangsgrößen und den überschaubaren Campus ergibt sich eine Studienatmosphäre, die als »wohltuend und kommunikationsfördernd« beschrieben wird.

Das Verhältnis zu den Dozierenden wird als »persönlich« und »angenehm, gut und offen« bezeichnet. Einzel- ➜

»Besonders deutlich ist geworden,
dass zwischen kirchlichen Überzeugungen
und eigener Religiosität
große Differenzen auftauchen können.«

»Wichtige Erfahrungen waren, wenn auch kontrovers,
in verschiedenen Kontexten diskutiert wurde.
Die Erfahrung, dass es nicht den einen richtigen Weg gibt,
sondern Positionen, Überzeugungen etc.«

ne Dozenten und Dozentinnen werden als »gute Vorbilder und Unterstützung« beschrieben oder auch als »beeindruckend« und »besonders prägend«. In ihren eigenen Worten schrieben Studierende:

»Einige Dozenten haben mich sehr beeindruckt und mich mit der Leidenschaft für ihren Bereich geprägt und das Studium verschönert. Dies waren auch die, für die man gerne aufsteht und gerne viel arbeitet, weil die Seminare einen roten Faden und Praxisrelevanz zugleich bieten.«

»Mich hat vor allem die kleine Kohorte (im Vergleich zum BA Soz. Arb.) angesprochen. Die Professoren haben sich die Namen eines jeden Studenten gemerkt.«

Die Zusammenarbeit im jeweiligen Studienjahrgang ist geprägt durch enge Kooperation der Studierenden, das »Lernen in Gruppen, Teamarbeit«, den »Austausch mit den Mitstudierenden« und das »Knüpfen von Freundschaften« während des Studiums.

»Mir ist das kleine Semester immer wieder sehr positiv aufgefallen. Wir sind mit der Zeit zu einer wirklich tollen und bereichernden Gruppe zusammengewachsen.«

Neben der intensiven Zusammenarbeit in Gruppen, Diskussionen, in Seminaren oder beim gemeinsamen Lernen für Prüfungen erwähnen einige auch die gemeinschaftlichen Freizeitaktivitäten auf dem Campus oder in der Stadt.

»Tanzkurs + Biergarten haben den sozialen Zusammenhalt gefördert.«

»[D]ie Klettergruppe, die sich innerhalb meines Semesters gefunden hat, war für mich sehr schön und etwas besonderes! Beim Sichern und Gesichertwerden muss man der anderen Person vertrauen und sich auf sie verlassen können.«

Neben den intensiven persönlichen Beziehungen wird auch von der Bedeutung der Studieninhalte und Praxisphasen berichtet:

»Prägend war für mich der fachwissenschaftliche Bezug zwischen hier erworbenem religiösen/biblischen Wissen und Pädagogik in ihren verschiedenen

Erscheinungsformen. Die Auseinandersetzung mit Gottesdiensten, Konfirmandenunterricht und dem Ort der Kirchengemeinde haben mir einen neuen Blick auf Kirche und neue Perspektiven für Kirche aufgezeigt.«

»Besonders geprägt haben mich die vielen praktischen Anteile im Studium, sei es das sozialpädagogische Praxissemester oder die Hospitation in Schule und Gemeindeleben.«

Alles in allem führen die Erfahrungen im Verlaufe des Studiums dazu, dass Prozesse der Persönlichkeits- und Glaubensentwicklung stattfinden, die mehrheitlich als – wenn auch manchmal anstrengend – ausgesprochen positiv bewertet werden. Das Studium regt in bestimmten Seminaren zu Selbstreflexion und Selbsterfahrung an:

»Wichtige Erfahrungen waren, wenn auch kontrovers, in verschiedenen Kontexten diskutiert wurde. Die Erfahrung, dass es nicht den einen richtigen Weg gibt, sondern Positionen, Überzeugungen etc.«

»[G]enerell ist durch den Austausch der persönliche Horizont gewachsen, was die Empathie betrifft, den kontroversen Austausch, der diskursive Blick, die eigene Sprachfähigkeit, diese ausdifferenzierte Sichtweise, die multikausalen

Zusammenhänge von Situationen/Entwicklungen.«

Studieninhalte:
»Die Mischung aus allem!«

Befragt nach den bedeutendsten Studieninhalten werden die verschiedensten Themen genannt, besonders häufig sind es einerseits die theologischen Fächer, zum anderen die unterschiedlichsten Themen der (Religions-)Pädagogik und (Fach-)Didaktik. Insgesamt nehmen die praxisbezogenen Module und Seminare einen großen Stellenwert ein, es sind vor allem die klassischen Felder Konfirmandenarbeit sowie Religionsunterricht und Christenlehre mit dem damit verbundenen Erstellen von Unterrichtsentwürfen und eigener Unterrichtspraxis. Aber auch Spezialisierungen in Kirchenraumpädagogik, Medienpädagogik, Theaterpädagogik oder Erlebnispädagogik werden als wichtig genannt. An einigen Standorten spielen auch Seelsorge und Gottesdienst eine zentrale Rolle. An jenen Hochschulen, die auch eine Qualifikation in Sozialer Arbeit vermitteln, sind Recht und Ethik weitere bedeutsame Studieninhalte, aber auch die Auseinandersetzung mit spezifischen Fragestellungen, wie etwa Flucht und

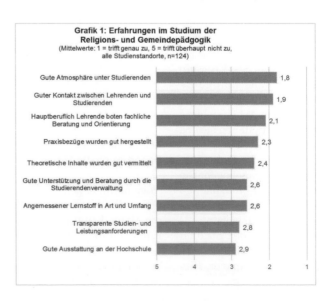

Grafik 1: Erfahrungen im Studium der Religions- und Gemeindepädagogik
(Mittelwerte: 1 = trifft genau zu, 5 = trifft überhaupt nicht zu, alle Studienstandorte, n=124)

Gute Atmosphäre unter Studierenden	1,8
Guter Kontakt zwischen Lehrenden und Studierenden	1,9
Hauptberuflich Lehrende boten fachliche Beratung und Orientierung	2,1
Praxisbezüge wurden gut hergestellt	2,3
Theoretische Inhalte wurden gut vermittelt	2,4
Gute Unterstützung und Beratung durch die Studierendenverwaltung	2,6
Angemessener Lernstoff in Art und Umfang	2,6
Transparente Studien- und Leistungsanforderungen	2,8
Gute Ausstattung an der Hochschule	2,9

*»Ich kann inzwischen
die Tradition viel besser verstehen
und fühle mich von daher
stärker mit der Kirche verbunden.«*

*»Ich traue mir noch nicht so wirklich
eigenverantwortliches Handeln zu
und brauche noch praxisbezogene Erfahrung,
weswegen ich froh über das Anerkennungsjahr bin.«*

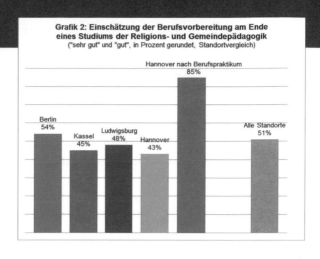

**Grafik 2: Einschätzung der Berufsvorbereitung am Ende
eines Studiums der Religions- und Gemeindepädagogik**
("sehr gut" und "gut", in Prozent gerundet, Standortvergleich)

Hannover nach Berufspraktikum
85%

Berlin
54%

Kassel
45%

Ludwigsburg
48%

Hannover
43%

Alle Standorte
51%

Migration, Inklusion, Sucht, Straffälligkeit, Armut oder soziale Benachteiligung.

Letztlich sind jedoch alle Studieninhalte für die Mehrheit der Studierenden gleichermaßen bedeutsam: *»[I]ch kann mich nicht so recht auf ein Thema einigen, welches am interessantesten war, schließlich macht es ja die Mischung aus allem.«*

Glaube und Kirche: »Ich bin kritischer und ›offener‹ geworden.«

Zwei Drittel der Absolventinnen und Absolventen geben an, ihre Glaubenshaltung und/oder ihr Verhältnis zur Evangelischen Kirche habe sich im Laufe des Studiums verändert. Mehrheitlich wird berichtet, man sei kritischer geworden und hinterfrage viele Dinge mehr als früher – dies betrifft sowohl eigene Glaubenseinstellungen, wie auch die Institution Kirche.

Viele beschreiben die Entwicklung einer größeren Offenheit in Glaubensfragen, das Überdenken eigener Überzeugungen und Haltungen. Ebenso habe man »gelernt Glaube und Religion in Worte zu fassen«.

»Die wissenschaftliche Perspektive auf meinen Glauben hat mir ermöglicht, viel zu hinterfragen und einen erwachsenen, reflektierten Glauben zu entwickeln. Hierbei haben Gespräche mit anderen Studierenden einen großen Beitrag geleistet.«

Doch einige beschreiben diesen Prozess rückblickend auch als schwierig und wünschen sich *»manchmal ... nicht alles hinterfragen zu müssen, sondern ‚einfach‘ zu glauben.«*

Auch das Verhältnis zur Institution Kirche verändert sich bei vielen im Laufe des Studiums. Bei einigen führt das erworbene Wissen über kirchliche Strukturen und kirchliche Traditionen dazu, dass sie »näher an die Kirche gerückt« sind.

»Ich kann inzwischen die Tradition viel besser verstehen und fühle mich von daher stärker mit der Kirche verbunden. Der Sonntagsgottesdienst ist mir sympathischer geworden, ich verstehe die Liturgie, d.h. ich weiß was hinter Handlungen steht.«

Wiederum andere beschreiben Verschlechterungen ihres Verhältnisses zur Kirche, diese betreffen vor allem Kirche als Arbeitgeberin, deren eingefahrene Strukturen, Profillosigkeit oder zu unpolitische Positionierung im öffentlichen Diskurs:

»Ich habe viele Einblicke in die unterschiedlichsten Bereiche/Arbeitsfelder der Ev. Kirche bekommen. Leider waren durchaus auch manche unschöne, absolut nicht christliche Handlungen zu sehen/zu erleben, die mich leider auch ein bisschen wieder von der ev. Kirche entfernen lassen haben.«

Und so wird vielen im Verlauf des Studiums auch die Unterscheidung zwischen Kirche und eigenen religiösen Überzeugungen bewusst:

»Besonders deutlich ist geworden, dass zwischen kirchlichen Überzeugungen und eigener Religiosität große Differenzen auftauchen können.«

Berufsvorbereitung durch das Studium: »Ich weiß nicht, ob das reicht.«

Zum Ende ihres Studiums fühlt sich im Durchschnitt aller Studienstandorte gut die Hälfte der Befragten »gut« oder »sehr gut« auf die berufliche Praxis vorbereitet (Grafik 2). Die andere Hälfte zeigt sich eher skeptisch, viele fühlen sich unsicher bei der Vorstellung, nun in eine selbstverantwortete Berufspraxis zu starten: Die meisten Hochschulen haben mit der Einführung der Bachelorstudiengänge vor einigen Jahren das früher übliche Berufspraktikum bzw. Anerkennungsjahr als zweite berufspraktische Ausbildungsphase abgeschafft. Eingeführt wurden stattdessen ausgedehnte Praxisphasen bzw. Praxissemester im Studium. Obwohl die Studierenden mehrheitlich diese Praxisphasen als ausgesprochen prägend und positiv beschreiben, so scheinen sie jedoch nicht immer zu einer größeren Sicherheit bei der Berufseinmündung zu verhelfen: *»Theoret. Grundlagen: ja. Ich weiß nicht, ob das reicht. Selbstständigkeit ist gleich null!«*

Am Studienstandort Hannover ist nach Bachelorabschluss noch ein 12-monatiges Berufsanerkennungsjahr vorgesehen. Mehrheitlich sehen die Absolvierenden in Hannover dieses Jahr positiv: *»Ich traue mir noch nicht so wirklich eigenverantwortliches Handeln zu und brauche noch praxisbezogene Erfahrung, weswegen ich froh über das Anerkennungsjahr bin.«*

Die Studierendenkohorte in Hannover wurde noch ein drittes Mal ein Jahr nach dem Studienabschluss, zum Ende des Berufspraktikums, befragt. Die Zahl derer, die sich »sehr gut« und »gut« auf die eigenständige berufliche Praxis vorbereitet fühlt, hat sich in diesem Zeitraum von 43 % auf 85 % verdoppelt. ➜

Und auch im Vergleich mit den anderen Hochschulstandorten wird deutlich, dass ein durch die Hochschule und die Landeskirche begleitetes Berufsanerkennungsjahr zu einer deutlich größeren Sicherheit bei Berufseintritt führt. Als positiv wird etwa benannt: »[B]egleitete Praxisphase mit Anbindung an HS; fließender Übergang von Studium in den Beruf; ‚Schutzraum'; eingeschränkte Verantwortung; Möglichkeit der beruflichen Identitätsfindung; gute Verknüpfung von Theorie und Praxis möglich; unterstützende Begleitveranstaltungen der HS/LK«.

Es scheint vieles dafür zu sprechen, dass die Entscheidung der Hochschule Hannover und der hannoverschen Landeskirche, das Berufspraktikum beizubehalten, eine gute Entscheidung war. Andere Landeskirchen haben mittlerweile zur Unterstützung der Berufsanfänger alternative Programme implementiert. So bietet etwa die westfälische Kirche seit 2011 ein »Mentorat beim Berufseinstieg« an, welches »für alle doppelt Qualifizierte die erforderliche Voraussetzung für die Anstellungsfähigkeit als Gemeindepädagoge/Gemeindepädagogin in der Evangelischen Kirche von Westfalen« darstellt.[3]

Berufsvorstellungen: »An der Schnittstelle von Kirche und Gesellschaft.«

Die Absolvierenden zeigen zum Studienende eine große Offenheit gegenüber einem breiten Spektrum möglicher Arbeitsfelder – und im Falle einer doppelten Qualifikation auch unterschiedlichster Anstellungsträger. Gerade bei den doppelt Qualifizierten zeigen sich durchaus verschiedene Akzentuierungen des beruflichen Selbstverständnisses. Einige sehen sich eher als »Sozialpädagogin mit christlichem Profil« oder »religionssensibler Sozialarbeiter« und bevorzugen eine Tätigkeit bei der Diakonie oder einem anderen Träger: »Schön wäre es, wenn man in der Sozialen Arbeit die Religionspädagogik mit anwenden kann.«

Andere bezeichnen sich dagegen eher als »Religionspädagoge mit wichtigem Wissen und Fähigkeiten eines Sozialarbeiters« bzw. »Diakonin mit sozialarbeiterischem Profil«. Viele wünschen sich eine kirchliche Tätigkeit, bei der ihre doppelte Qualifikation zum Tragen kommen kann: »Ich würde gerne im kirchlichen Kinder- und Jugendbereich arbeiten. Gerne auch mit sozialpädagogischer Kompetenz im Sozialraum.«

Mehrheitlich möchten die doppelt qualifizierten Absolvierenden – unabhängig vom Anstellungsträger – ihre beiden beruflich erworbenen Kompetenzen miteinander verbinden:

»Ich kann mit ganzem Herzen sagen, dass ich beides verbinden will: Soziale Arbeit und die Religionspädagogik. Dabei ist es für mich weniger entscheidend, bei welchem Träger (also weltlich oder christlich) … Ich wünsche mir, dass mein Glaube eine bedeutende Rolle spielt, egal wo ich arbeite und wer mich anstellt.«

Nicht alle, aber viele der Absolvierenden können sich zum Berufseinstieg eine Tätigkeit im Bereich der Arbeit mit Kindern und Jugendlichen vorstellen. Dabei bleibt es jedoch nicht stehen. Vielmehr möchten sie ihre im Studium erworbenen Kompetenzen einsetzen, um Ehrenamtliche zu unterstützen, neue Konzepte zu entwickeln und neue Formen zu erproben. Sie möchten sich mit anderen vernetzen und ihre Arbeit mit einem Blick für das Gemeinwesen und die Bedürfnisse der Menschen gestalten. Ein besonderes Anliegen ist vielen, sozial benachteiligte Menschen in den Blick zu nehmen: »In meiner Berufspraxis würde ich mit Menschen arbeiten und so an dem Reich Gottes bauen. Besonders sozial benachteiligte Menschen liegen mir am Herzen. Dies möchte ich in meiner späteren Tätigkeit verbinden.«

»Aufgrund der aktuellen Flüchtlingsproblematik … würde ich gerne einen Beitrag leisten. … Ich sehe unseren Auftrag in der Integration von Menschen, die hier Zuflucht suchen und das Zeigen von Nächstenliebe.«

Schluss

Zusammenfassend lässt sich sagen, dass das religionspädagogische Studium reflektierte, kritische, offene und meist in ihrem Glauben gefestigte Menschen hervorbringt, die in vielen Fällen gerne in der evangelischen Kirche beruflich tätig wären. Dies tritt aber bisweilen nicht ein. Gründe für einen nach Studienabschluss gewählten Arbeitsplatz außerhalb der Kirche können sein, dass zum Bewerbungszeitpunkt keine attraktiven, mit aktuellen gesellschaftlichen Themen verknüpften Stellenausschreibungen für Diakone bzw. Gemeindepädagoginnen vorliegen. Aber auch die Gehaltseinstufung und beruflichen Entwicklungsmöglichkeiten sehen einige bei Kirchengemeinden, Kirchenkreisen und Landeskirchen oft nicht in gleichem Maße gegeben wie bei anderen Anstellungsträgern. Und dies betrifft auch die heute gewünschte Vereinbarkeit von Familie, Freizeit und Beruf durch geregelte Arbeitszeiten.

Für viele aber gilt: »Im Idealfall werde ich als Gemeindepädagogin u. Sozialarbeiterin an der Schnittstelle von Kirche und Gesellschaft arbeiten.«

Dr. Nicole Piroth ist Professorin für Religions- und Gemeindepädagogik an der Hochschule Hannover.

---

1 Dieselbe Studierendenkohorte wurde bereits im Herbst 2011 zu ihrem Studienbeginn befragt. Siehe den Forschungsbericht: »Studienmotivation und Berufserwartungen von Studienanfängerinnen und Studienanfängern der Evangelischen Religions- und Gemeindepädagogik«, Hannover 2013 unter: https://serwiss.bib.hs-hannover.de/frontdoor/index/index/docId/343 [urn:nbn:de:bsz:960-opus-4162]

2 Daneben gibt es nur in Moritzburg die Möglichkeit einer 6-monatigen berufspraktischen Phase nach dem Studium.

3 Vgl. http://www.gemeindepaedagogik-westfalen.de/aus-fortbildung/mentorat-beim-berufseinstieg.html [Abruf 11.2.2017]

Buchtipps für die gemeindliche Praxis

Petra Müller

Das »**Werkbuch Schulgottesdienste**« bietet Anwenderinnen und Anwendern in Schule und Gemeinde eine große Anzahl erprobter, gebrauchsfertiger Entwürfe für Schulgottesdienste: zum Schuljahresanfang und Schuljahresende, für Schulgottesdienste zu kirchenjahreszeitlichen Anlässen wie Passion, Ostern, Pfingsten, Erntedank, Advent, Weihnachten, für Wochengottesdienste zu Zeichen und Symbolen, sowie für besondere Situationen im Schulalltag wie Krankheit und Tod eines Mitschülers, Krisen- und Katastrophensituationen. Die Sprechtexte wurden mit Schülerinnen und Schülern erarbeitet. Die Entwürfe sind gebrauchsfertig und in der Praxis erprobt. Sie eigenen sich für die Grundschule und bis Klasse 6 an weiterführenden Schulen. Sollen Schülerinnen und Schüler beteiligt werden, wird dazu in der Regel nicht mehr als eine Unterrichtsstunde benötigt. Thomas Weiß ist evangelischer Pfarrer und Erwachsenenbildner in Baden-Baden und auch bekannt durch zahlreiche Veröffentlichungen für die gemeindliche Praxis, aber auch durch seine lyrischen Texte.

Gütersloher Verlagshaus, Gütersloh 2016, 256 Seiten
gebunden, ISBN 978-3-579-06208-2, € 19,99

Als ich das Buch »**Weichen stellen – Inspirationen für eine selbstbestimmte dritte Lebenshälfte**« auf meinem Schreibtisch fand, ahnte ich schon, dass das eine gute Lektüre sein könnte – und ich wurde nicht enttäuscht. Josef Epp regt an, frühzeitig über wichtige Fragen des Älterwerdens nachzudenken und die Lebensphase Alter als Gestaltungsraum zu begreifen. Er möchte ermutigen, sich auf die verschiedenen Aspekte des Älterwerdens in unterschiedlicher Dichte und Tiefe einzulassen. Dadurch können entscheidende Weichen für die dritte Lebenshälfte gestellt werden. Es ist ein wunderbares, tiefgehendes Buch, das sowohl für ältere Menschen hilfreich sein kann, als auch für alle, die mit älteren Menschen arbeiten, Seminare zur Biographiearbeit anbieten oder Multiplikatoren fortbilden. Das Buch ist eine Bereicherung – trotz der vielen Bücher, die es zu dem Thema gibt -, es bietet Lesevergnügen und regt zum persönlichen Nachdenken an. Darüber hinaus fällt es durch seine liebevolle bibliophile Gestaltung auf.

Patmos Verlag, Ostfildern 2016, 176 Seiten
gebunden, ISBN 978-3-8436-0819-0, € 16,99

Kirchenlieder sind eine tragfähige Brücke zwischen den christlichen Kirchen. »Singen ist eine durch und durch ökumenische Bewegung«, formulierte Annette Kurschus, Präses der Ev. Kirche in Westfalen. Mit Blick auf das Reformationsgedenken ist eine sehr interessante und empfehlenswerte ökumenische Liederkunde »**Von der Poesie des Glaubens**« herausgekommen. Viele Kirchenlieder sind bereits ökumenisch vertraut und finden konfessionsübergreifende Anerkennung. Wolfgang Hug wählte für diese Liederkunde mehr als einhundert Kirchenlieder aus. Ein Großteil von ihnen ist in den Gesangbüchern beider Konfessionen zu finden. Ebenso aber geht er auch auf typisch evangelische Bekenntnislieder und auf typisch katholische Marienlieder ein und macht sie im Geist der Ökumene verständlich. Das Buch wird sangesfreudige Laien erfreuen. Es gibt aber auch Hauptamtlichen Impulse, wenn sie eine Andacht oder Predigt über eines der Kirchenlieder halten wollen.

Verlag Herder, Freiburg 2016, 400 Seiten
gebunden, ISBN 978-3-451-37555-2, € 24,99

Geländespiele sind wertvoller Bestandteil der Jugendarbeit. Sie fördern das soziale Verhalten, und die Jugendlichen lernen, im Team zu agieren. Sie helfen, taktisches Handeln zu entwickeln und mit Sieg und Niederlage umzugehen. Sie fördern Stärken und ermöglichen, mit eigenen Grenzen umzugehen. Sie unterstützen den Bewegungsdrang und die Lust auf Abenteuer. Für das Gruppenerlebnis sind sie unentbehrlich. Doch sie müssen gut sein, um einen nachhaltigen Effekt zu haben. In Kooperation mit »buch+musik« vom ejw in Württemberg hat die Neukirchener Verlagsgesellschaft das Buch »**Ab ins Gelände! – 50 Gelände- und Stadtspiele für Jugendliche**« herausgegeben. »buch+musik« steht seit Jahrzehnten für praxiserprobte Materialien. Die Herausgeberin Ilse-Dore Seidel hat Geländespiele zu verschiedenen Themensettings, für Tages- und Nachtzeiten sowie Orte von Stadt über Wald bis Wiese zusammengestellt. Zusätzliche Vorlagen können als digitale Daten heruntergeladen werden.

Neukirchener Verlagsgesellschaft, Neukirchen-Vluyn 2016,
208 Seiten, Broschur, ISBN 978-3-7615-6299-4, € 18,95

IMPRESSUM

PRAXIS GEMEINDEPÄDAGOGIK (PGP)

ehemals »Christenlehre/Religionsunterricht–PRAXIS«
ehemals »Die Christenlehre«

70. Jahrgang 2017, Heft 3

Herausgeber:
Amt für kirchliche Dienste in der Evangelischen Kirche
Berlin-Brandenburg-schlesische Oberlausitz
Pädagogisch-Theologisches Institut der Nordkirche
Theologisch-Pädagogisches Institut der
Evangelisch-Lutherischen Landeskirche Sachsens
Pädagogisch-Theologisches Institut der Evangelischen Kirche in
Mitteldeutschland und der Evangelischen Landeskirche Anhalts

Anschrift der Redaktion:
Matthias Spenn, c/o Evangelische Verlagsanstalt GmbH,
»PGP-Redaktion«, Blumenstraße 76, 04155 Leipzig,
E-Mail ‹redaktion@praxis-gemeindepaedagogik.de›

Redaktionskreis:
Dr. Lars Charbonnier, Führungsakademie für Kirche und Diakonie,
Haus der EKD, Charlottenstraße 53/54,10117 Berlin
Uwe Hahn, Ev.-Luth. Kirchenbezirk Leipzig, Dienststelle des
Bezirkskatecheten, Burgstraße 1–5, 04109 Leipzig
Petra Müller, Fachstelle Alter der Ev.-Luth. Kirche
in Norddeutschland, Gartenstraße 20, 24103 Kiel
Dorothee Schneider, PTI der Ev. Kirche in Mitteldeutschland und der
Landeskirche Anhalts, Zinzendorfplatz 3, 99192 Neudietendorf
Matthias Spenn, Amt für kirchliche Dienste in der Ev. Kirche Berlin-
Brandenburg-schlesische Oberlausitz, Goethestraße 26–30, 10625 Berlin
Christine Ursel, Diakonisches Werk Bayern – Diakonie.Kolleg.,
Pirckheimerstraße 6, 90408 Nürnberg

Redaktionsassistenz: Sina Dietl, Evangelische Verlagsanstalt GmbH

Verlag: EVANGELISCHE VERLAGSANSTALT GmbH,
Blumenstraße 76, 04155 Leipzig, www.eva-leipzig.de
Geschäftsführung: Sebastian Knöfel

Gestaltung/Satz: Jens Luniak, Evangelisches Medienhaus GmbH

Druck: Druckerei Böhlau, Ranftsche Gasse 14, 04103 Leipzig

Anzeigen: Rainer Ott · Media | Buch- und Werbeservice,
PF 1224, 76758 Rülzheim, Tel. (0 72 72) 91 93 19,
Fax (0 72 72) 91 93 20, E-Mail ‹ott@ottmedia.com›
Es gilt die Anzeigenpreisliste Nr. 11 vom 1.1.2012

Abo-Service: Christine Herrmann, Evangelisches Medienhaus GmbH, Telefon (03 41) 7 11 41 22, Fax (03 41) 7 11 41 50,
E-Mail ‹herrmann@emh-leipzig.de›

Zahlung mit Bankeinzug: Ein erteiltes Lastschriftmandat (früher
Einzugsermächtigung genannt) bewirkt, dass der fällige Abo-Beitrag
jeweils im ersten Monat des Berechnungszeitraums, in der letzten
Woche, von Ihrem Bankkonto abgebucht wird. Deshalb bitte jede Ände-
rung Ihrer Bankverbindung dem Abo-Service mitteilen. Die Gläubiger-
Identifikationsnummer im Abbuchungstext auf dem Kontoauszug zeigt,
wer abbucht – hier das Evangelische Medienhaus GmbH als
Abo-Service der PRAXIS GEMEINDEPÄDAGOGIK.
Gläubiger-Identifikationsnummer: DE03EMH00000022516

Bezugsbedingungen: Erscheinungsweise viermal jährlich, jeweils
im ersten Monat des Quartals. Das Jahresabonnement umfasst die
Lieferung von vier Heften sowie den Zugriff für den Download der
kompletten Hefte ab 01/2005. Das Abonnement verlängert sich um
ein Kalenderjahr, wenn bis 1. Dezember des Vorjahres keine
Abbestellung vorliegt.

**Bitte Abo-Anschrift prüfen und
jede Änderung dem Abo-Service mitteilen.
Die Post sendet Zeitschriften nicht nach.**

ISSN 1860-6946
ISBN 978-3-374-05276-9

Preise:
Jahresabonnement* (inkl. Zustellung):
  Privat: Inland € 40,00 (inkl. MwSt.),
          EU-Ausland € 46,00, Nicht-EU-Ausland € 50,00;
  Institutionen: Inland € 48,00 (inkl. MwSt.),
          EU-Ausland € 54,00, Nicht-EU-Ausland € 58,00;
Rabatte – gegen jährlichen Nachweis:
Studenten 35 Prozent; Vikare 20 Prozent;
Einzelheft (zuzüglich Zustellung): € 12,00 (inkl. MwSt.)
      * Stand 01.01.2017, Preisänderungen vorbehalten

Unsere nächste PGP-Ausgabe erscheint im Oktober 2017.

INFO UND PERSONEN

Ekkehard Steinhäuser
Direktor des PTI in der EKM

Dr. Ekkehard Steinhäuser ist seit Juni 2017 Direktor des Pädagogisch-Theologischen Instituts der Evangelischen Kirche in Mitteldeutschland und der Evangelischen Landeskirche Anhalts sein. Er tritt die Nachfolge von Prof. Dr. Matthias Hahn an, der an die Evangelische Hochschule Berlin wechselte.

Ekkehard Steinhäuser studierte Theologie an der Kirchlichen Hochschule Naumburg, war Wissenschaftlicher Mitarbeiter am Institut für Evangelische Theologie der PH Erfurt, Leiter eines diakonischen Zentrums der Diakoniestiftung Lazarus Berlin sowie von 1999 bis 2013 Gemeindpfarrer der Ev. Kirchengemeinde Quedlinburg. Zuletzt arbeitete er von 2013 bis 2017 an der Forschungsstelle Religiöse Kommunikations- und Lernprozesse an der Theologischen Fakultät der MLU Halle-Wittenberg.

Modellprojekt Leben in Vielfalt
des AKD in der EKBO

Im Februar 2017 startete im Amt für kirchliche Dienste in der Evangelischen Kirche Berlin-Brandenburg-schlesische Oberlausitz ein fünfjähriges Modellprojekt »Leben in Vielfalt«. Vielfalt bzw. Diversität sind Schlüsselbegriffe für die Beschreibung der Situation wie von Herausforderungen in der pluralen Welt, auch in Bezug auf die Situation und Gestaltung evangelischer Kirche und kirchlicher Bildungsarbeit. Mit dem Modellprojekt sollen zunächst anhand von einzelnen Projekten Praxisansätze entwickelt werden, sich

der Dimensionen von Vielfalt bewusst zu werden, sie in die kirchliche (Bildungs-)Arbeit systematisch einzubeziehen und anhand der Erfahrungen zu lernen für die Bildungsarbeit wie für die kirchliche Organsiationsentwicklung.

Für die Projektleitung wurde die Studienleitendenstelle »Bildung in Vielfalt – Gender und Diversität« eingerichtet und mit Dr. Katharina Schneider besetzt. Schneider hat in Cambridge Sozialanthropologie studiert und dort auch promoviert. Ethnographische Feldforschungen führten sie nach Papua-Neuguinea (2004/05) und Indonesien (seit 2012). Sie arbeitete beim Zivilen Friedensdienst auf den Philippinen (2008/09) und war zuletzt Wissenschaftliche Mitarbeiterin an der Universität Heidelberg (2011–2017).

Kirche mobil – Ein Modell für
lebendige Kirche im ländlichen Raum

In dem Gemeindebereich rund um die Havelstadt Zehdenick startet das Modellprojekt »Kirche mobil«. Herzstück ist ein Auto, das – ähnlich dem Bäckerwagen – in die Orte kommt. Es ist erkennbar: Wo es steht, findet Gemeindeleben statt. Hier ist Material an Bord, ein mobiles Büro und ein Mitarbeiter. Ziel ist, Menschen in ihren Orten zu erreichen in Gemeindegruppen, zu einzelnen Projekten, Veranstaltungen und Gottesdiensten. Die Einwohner der Dörfer sollen eine präsente Kirche erleben und diese mitgestalten.

Das Projekt wurde von einem Team aus Ehrenamtlichen, zwei gemeindepädagogischen Mitarbeiterinnen und zwei Pfarrern entwickelt. Für das Projekt wird – zunächst für zwei Jahre – eine weitere Mitarbeiterin gesucht.

Informationen: Pfarrer Andreas Domke, Telefon (0 33 07) 26 46, E-Mail ‹pfarrer@kirchengemeinde-zeh denick.de›.

Carsten Gennerich, Mirjam Zimmermann: Abmeldung
vom Religionsunterricht: Statistiken, empirische Analysen,
didaktische Perspektiven, Leipzig. EVA 2016, 144 S., Paperback,
€ 48,00, ISBN 978-3-374-04294-4

Für ein besonderes Feld religiöser Bildungsarbeit – den schulischen Religionsunterricht – haben der Darmstädter Professor Carsten Gennerich und die Siegener Professorin Mirjam Zimmermann nun eine interessante kleine Studie vorgelegt, die auf der Basis empirischer Daten aus Befragungen von Lehrerinnen wie Schülern Analysen zum Abmeldeverhalten vom Religionsunterricht bietet.

Zunächst wird die rechtliche Situation der Möglichkeit der Abmeldung vom Religionsunterricht in Deutschland wie auch in Österreich erläutert. In einem zweiten Kapitel werden vorliegende Untersuchungen zum Themenfeld von den 1970er Jahren bis in die Gegenwart kurz vorgestellt und mit Hypothesen zur Weiterarbeit am Ende zusammenfassend ausgewertet. Im dritten, umfangreichsten Kapitel folgt eine detaillierte statistische Darstellung der Teilnahme und Abmeldung vom Religionsunterricht in den verschiedenen Bundesländern. Trotz einer sehr unterschiedlichen Qualität der Datenlage zeigt sich übergreifend, dass die Teilnahme- und Abmeldequoten in den letzten 12 Jahren relativ gleich geblieben sind und dass die höchste Zahl an Abmeldungen im Bereich der Haupt- und Berufsschulen, die geringste in den Grundschulen liegt (81). Außerdem kann die Tendenz festgestellt werden, dass mit steigender Klassenstufe die Abmeldequote höher wird, signifikant ab der 9. Jahrgangsstufe.

Diese Rahmenbedingungen und Daten wahrnehmend hat das Autorenduo dann eine eigene Fragebogenstudie unter Schülerinnen und Lehrern vorgelegt. Die Ergebnisse zeigen, dass die Abmelder die Inhalte des Religionsunterrichts für ihre Lebensdeutung nicht plausibel finden. Überraschend ist, dass die parallel befragten Lehrer eher äußere Gründe wie das Verhältnis zu den Lehrenden oder höhere Leistungsanforderungen vermuten, hier liegt also eine klare Perspektivendifferenz der Wahrnehmungen vor. Die bereits an anderer Stelle von Gennerich und Feige erfolgreich verwandte Methode der Wertefeldanalysen bildet dann auch in dieser Untersuchung eine zentrale Auswertungsdimension: Die Abmelder konnten so aufgrund ihrer Werthaltung typologisiert werden. Dabei wird deutlich, dass die inhaltliche Kritik am Religionsunterricht und damit die höhere Bereitschaft sich von diesem abzumelden mit einer Werthaltung korreliert, die Autonomie und Offenheit für Wandel betont (126–131). Daraus ziehen die Autoren den Schluss, dass mit einer progressiven, den Wandel und nicht die Beharrung betonenden Theologie weniger Abmeldungen zu erwarten wären. In einem abschließenden Kapitel werden daher exemplarisch und meines Erachtens sehr überzeugend am Thema Sünde Wege aufgezeigt, wie potenzielle Abmelder im Religionsunterricht adäquat erreicht werden können. Hier wird mit Hilfe der Sprache und der religiös-weltanschaulichen Orientierung der Schülerinnen selbst aufgezeigt, wie religiöse Bildung inhaltsrelevant und nicht nur sprachlich verständlich – im Sinne der im Moment stark vertretenen und mit Erlösungserwartungen verbundenen Ansätze »einfacher Sprache« und Elementarisierung – konzipiert werden kann.

Fazit: Dieses Buch zu lesen bildet!

Oliver Steffen: Gamen mit Gott.
Wo sich Computerspiele und Religion begegnen,
Zürich: TVZ 2017, 164 S., Paperback,
€ 26,90, ISBN 978-3-290-22038-9

Der Religionswissenschaftler Oliver Steffen erschließt eine für Religions- und Gemeindepädagoginnen und -pädagogen vielfach alltäglich vertraute und zugleich reflexiv kaum erschlossene Welt: die Welt der Computerspiele. Denn so vertraut nicht nur Kinder und Jugendliche mit diesen umgehen, so wenig sind insbesondere die nicht explizit religiösen Spiele auf ihre religiösen Anknüpfungspunkte von Inhalten wie Strukturen, von Interaktions- wie Deutungsmustern hin analysiert worden. Steffen gelingt es, auf der Grundlage seiner 2010 bis 2014 an der Universität Bern erfolgten Forschungen sprachlich ansprechend, verständlich und aufschlussreich in seinem gar nicht so umfangreichen Buch eine breite Wahrnehmung darzustellen und damit viele inspirierende Gedankenanstöße auch und gerade für pädagogische Reflexionen anzustoßen.

Wie es sich gehört, steigt Steffen mit einigen Begriffs- und Phänomenklärungen in das Buch ein: Er klärt, was überhaupt ein Computerspiel ist, zeichnet deren Geschichte nach und setzt sich gleich zu Beginn instruktiv mit typischen Vorbehalten und Kritik auseinander: Sucht, Gewalt und dem Instrumentalisierungspotential. Auch sein Kapitel über Religion in Games beginnt mit einem kleinen Einblick in die durchaus lange Geschichte des Zusammenspiels von Religion und Spielen. Die Sicht der Entwickler wird ebenso berücksichtigt wie die Funktion der Gamer als Produzenten religiöser Inhalte.

Alle Strukturen und Funktionen, die hier beschrieben werden, werden an Beispielen konkretisiert und veranschaulicht. In den weiteren Kapiteln über Religiöse Games und die Bedeutung von Religion in Games stehen ebenfalls viele Beispiele im Zentrum. Nach diesen inhaltsorientierten Wahrnehmungen folgen dann auch wieder struktur-funktionale, die Muster des religiösen Erlebens beim Spielen freilegen. Das macht dieses Buch so interessant, dass das in ihm »entwickelte Verständnis von Games und Gamen (...) also nicht nur die Technologie (meint), die diversen Genres, die virtuellen Welten, den Wettbewerb, das Vergnügen, die Communitys usw., sondern auch die Möglichkeit zur religiösen Praxis« (153). Diese Möglichkeiten sieht Steffen insbesondere in den verschiedenen Interaktionsformen, die Spiele den Spielenden in den unterschiedlichen Möglichkeiten des Umgangs mit den Strukturen bieten, an die Games die Spielenden mehr oder weniger fest binden. Vieles davon liegt im Bereich des Berechenbaren, aber auch nicht alles, sondern auch die Dimension der Erfahrungen von Kontingenz und Transzendenz können hier erfahrbar werden. Oder wie es Steffen zum Abschluss formuliert: »Wie wir spielen, liegt also nicht vollkommen in unserer Hand. Auch das ist Gamen mit Gott.« (159)

Steffens Plädoyer für eine Erweiterung der Theologien des Spiels um die theologische Reflexion des Gamens kann aufgrund seiner Reflexionen nur zugestimmt werden. Lebensweltlich ist das ohnehin schon lange geboten. Denn allein eine kritische Haltung der Kirchen gegenüber Computerspielen, die Steffen ebenfalls im internationalen Kontext beschreibt, wird der Verbreitung dieses Phänomens und seiner Bedeutung für die Gamer nicht mehr gerecht.

Lars Charbonnier

Ralph Kunz (Hg.): Seelsorge.
Grundlagen – Handlungsfelder – Dimensionen,
Göttingen: V&R 2016, 216 S., Paperback,
€ 25,00, ISBN 978-3-525-62013-7

Cornelia Coenen-Marx, Beate Hofmann (Hg.): Symphonie –
Drama – Powerplay. Zum Zusammenspiel von Haupt- und
Ehrenamt in der Kirche, Stuttgart: Kohlhammer 2016, 247 S.,
Paperback, € 26,00, ISBN 978-3-17-032216-5

Der Züricher Praktische Theologe Ralph Kunz hat den sehr lohnenswerten Versuch unternommen, aktuelle Ansätze und insbesondere gemeindliche Handlungsfelder der Seelsorge vorzustellen und damit auch Seelsorge als Dimension gemeindlichen Handelns neu zu profilieren – wobei der Gemeindebegriff selbst leider zu oft noch parochial verengt gedacht oder gar expliziert wird.

In einem ersten Block liefern drei Artikel Beiträge zu den Grundlagen der Seelsorgelehre: Wolfgang Drechsel nimmt sich des Verhältnisses von Theorie und Praxis der Seelsorge an und betrachtet das Wechselspiel von Lernen und Konzeptionen. Zur Auseinandersetzung reizend ist der zweite Beitrag, in dem Michael Meyer-Blanck über die Theologie der Seelsorge schreibt. Er definiert am Ende seines Beitrags: »Seelsorge ist die zielgerichtete Zuwendung zum einzelnen Menschen im Kontext der Kommunikation des Evangeliums.« Das klingt genauso rund wie wenig instruktiv, zumindest tauchen schnell unterschiedlichste Fragen auf. Es lohnt sich, diesen Beitrag in einer Gruppe zu lesen und zu diskutieren. Der dritte Grundlagenbeitrag von Isabelle Noth widmet sich der nach wie vor spannende Frage nach dem Verhältnis von Seelsorge und Psychotherapie – leider mit der Engführung auf die Psychoanalyse, wenngleich spannend erarbeitet an Materialien Oskar Pfisters.

Im zweiten, umfangreichsten Block des Buches stehen Wahrnehmungen und Erörterungen von Seelsorge in gemeindlichen Handlungsfeldern: Eberhard Hauschildt widmet sich der Seelsorge auf Besuch. Bernd Beucher betrachtet die Seelsorge an Kindern und Jugendlichen mit dem primären Ziel der Lebenstüchtigkeit. Michael Klessmann skizziert die Seelsorge im Krankenhaus und im Alten(pflege-)heim als besondere Aufgabe der Gemeinde. Seelsorge mit älteren Menschen ist der zentrale Fokus des Beitrags des Herausgebers selbst. Die Begleitung von Trauernden und auf der anderen Seite von Sterbenden sind die Themen der Kapitel von Kerstin Lammers und Traugott Roser. Die Seelsorge in Verbindung mit Kasualien skizziert Dörte Gebhard. Abschließend nimmt Ilona Nord mit der Seelsorge in sozialen Medien einen wichtigen und sicher zukunftsweisenden Aspekt auf.

Im dritten Abschnitt wird Seelsorge als Dimension gemeindlichen Handelns beschrieben: Christian Möller beschreibt einmal mehr die seelsorgliche Dimension von Liturgie und Gottesdienst. Seelsorge in der geistlichen Begleitung ist das Thema des Beitrags von Corinna Dahlgrün, in dem sie die Seelsorge stärker in den pastoralpsychologischen und die geistliche Beratung in den Bereich der Spiritualität verortet. Diese Unterscheidung muss man teilen wollen, um ihren Ausführungen folgen zu können, die freilich zumeist auch die Gemeinsamkeiten von Seelsorge und Begleitung beschreiben. Christoph Morgenthaler schließlich skizziert Seelsorge als Kompetenz der Gemeinde und führt diesen Pol seelsorgerlichen Handelns als Handeln von Ehrenamtlichen und damit als »Sozialisierung (der) Kultur der Deutung menschlichen Leidens« (213) anregend gegen die Professionalisierung der Seelsorge ins Feld.

So abwechslungsreich wie ein lustvolles Leben kann die Zusammenarbeit von Haupt- und Ehrenamtlichen in der Kirche sein: Mal Symphonie, mal Drama, mal Powerplay, … – das bringt dieser etwas ungewöhnliche Titel dieses auch etwas ungewöhnlichen, empfehlenswerten Buches zum Ausdruck. Wenige Themen in der Kirche und ihrer Diakonie sind so dringlich und zugleich so ambivalent wie dieses. Kirche und Diakonie partizipieren in vollem Maße an den gesellschaftlichen Veränderungen mit Blick auf das freiwillige Engagement, also auf gewachsene Qualitätsansprüche und zugleich zeitlich immer begrenztere Selbstverpflichtungen, auf Selbstverwirklichungsmotive und Sinnsuche. Einerseits ist Kirche aufgrund des Priestertums aller Getauften und ohne freiwilliges und ehrenamtliches Engagement an vielen Orten gar keine Kirche mehr, andererseits wird nicht mehr nur hinter vorgehaltener Hand gefragt, ob etwa die Leitung von solch komplexen Organisationen wie einer Landeskirche funktional sinnvoll durch Gremien geschehen kann, die wesentlich von Ehrenamtlichen besetzt sind.

All diese Fragen und noch viele mehr finden ihren Anschluss in diesem Sammelband. In drei Kapiteln sind die einzelnen Beiträge gegliedert: Analysen zur Veränderung im Zusammenspiel von Haupt- und Ehrenamt in der Kirche; Seitenblick: Das Zusammenspiel von außen gesehen; Auf der Suche nach Lösungswegen – das Zusammenspiel weiterdenken. Diese werden nicht nur durch einen Prolog und einen Epilog der Herausgeberinnen gerahmt, sondern jedes einzelne Kapitel wird durch kurze, sehr instruktive Beiträge eingeleitet. Zu den Autorinnen und Autoren zählen u.a. Petra-Angela Ahrens, Martin Horstmann, Rainer Hub, Thomas Klie, Sabine Schössler, Eberhard Hauschildt, Irmgard Schwaetzer oder Ralph Charbonnier. Daran wird deutlich, das der Band sowohl Theoretiker wie Praktikerinnen, Wissenschaftlerinnen wie Kirchenfunktionäre zu Wort kommen lässt und auch dadurch eine sehr anregende Vielfalt an Themen und Kontexten aufweist. Die Beiträge beschäftigen sich u.a. mit empirischen Studien über Engagement und Freiwilligenarbeit, mit Rahmenbedingungen systematischer Ehrenamtsförderung, mit Empowerment und Inklusion, mit Caring Communities und Kirche in ihrer Rolle als zivilgesellschaftlicher Akteur, mit Fragen nach Chancen und Grenzen gemeinsamer Leitung, Anerkennungskultur oder Kooperation statt Konkurrenz.

Die beiden Herausgeberinnen ziehen am Ende interessante Schlussfolgerungen. Mindestens eine ist für den Kontext dieses Heftes von zentraler Bedeutung: Es braucht vor Ort und in den Regionen eine gute Bildungs- und Beratungsarbeit, um dieses komplexe Miteinander von Ehren- und Hauptamtlichen in der Kirche und ihrer Diakonie zu reflektieren und gemeinsam in zukunftsweisender Weise konstruktiv zu gestalten.

Lars Charbonnier